比爱孩子更重要的 是懂孩子

◎郭文红　著

海燕出版社
·郑州·

图书在版编目（CIP）数据

比爱孩子更重要的是懂孩子 / 郭文红著. — 郑州：海燕出版社，2024.1
（新时代"名师有道"智慧教育书系）
ISBN 978-7-5350-9296-0

Ⅰ.①比… Ⅱ.①郭… Ⅲ.①小学教育-教育工作 Ⅳ.①G62

中国国家版本馆CIP数据核字（2023）第151788号

比爱孩子更重要的是懂孩子
BI AI HAIZI GENG ZHONGYAO DE SHI DONG HAIZI

出 版 人：李　勇		美术编辑：李　琳	
选题策划：韩　青		责任校对：屈　曜　郝　欣	
项目统筹：郭玉洁		责任印制：邢宏洲	
责任编辑：郭文嘉		内文插图：翟苑祯	

出版发行：海燕出版社
　　　　　地址：河南自贸试验区郑州片区（郑东）祥盛街 27 号　邮编：450016
　　　　　网址：www.haiyan.com
　　　　　发行部：0371-65723270　总编室：0371-63932972
经　　销：河南省新华书店
印　　刷：河南瑞之光印刷股份有限公司
开　　本：710 毫米×1010 毫米　1/16
印　　张：10
字　　数：150千字
版　　次：2024 年 1 月第 1 版
印　　次：2024 年 1 月第 1 次印刷
定　　价：38.00 元

序言 | 只有懂孩子才是真正的爱孩子

李镇西

一个三年级的女孩，成绩不太好，却常有奇异的想法和做法。那天，她制作了"女生厕所入场券""男生厕所入场券"，然后发给她喜欢的同学，让他们有"特权"进入异性同学的厕所。这自然在班上产生了"轰动效应"。

如果你是她的老师，会怎么处理？我想，按照思维习惯，可能有的老师会把这孩子叫到办公室狠狠批评一顿，说不定还要请家长，等等。小孩呢，一定也吓得不轻，心里蒙上浓浓的阴影。

郭老师是怎么做的呢？她在班上公开讲了这个事——不公开讲肯定不行，所有学生都知道了这个"特大新闻"，老师怎么能装作不知道呢？但是，她说她只是"听说"，而且也不知道"厕所入场券"的发明者和制作者是哪个同学，也不想知道。这样，郭老师巧妙地保护了那个女孩的自尊心，以免她紧张羞愧。她说："这位同学不过就是设计了一个有趣的游戏而已，觉得好玩儿！"淡淡几句，一下就消除这件事的"严重性"。在这基础上，郭老师以故事的方式，给孩子们讲了关于文明的话题，从幼儿园小朋友上厕所不分性别谈起，又说到动物排便也没有羞耻感，然后说到人进化的标志就是文明，而文明的体现就是男女有别。话说得轻松亲切，而又语重心长。孩子们听得津津有味，若有所思。郭老师谁都没有批评，但每一个孩子的心灵都受到了触动。

晚上，女孩的爸爸给郭老师发了一条短信："郭老师，孩子刚才对我说，她想坐第一排，这样能够更好地听郭老师的课！她想好好学习！"

　　郭老师给我聊这事的时候，说："如果站在大人的角度，这件事很容易上升到道德品质层面，但如果站在孩子的角度看，这最多就是一个恶作剧嘛！其实恶作剧都谈不上，小女孩无非就是觉得好玩儿而已。"

　　我感动的是这件事的结尾，郭老师充满理解与尊重的教育，换来的是孩子对她的信任。

　　这就是"懂孩子"。

　　我们经常说："没有爱就没有教育。"这话绝对正确，但还有一句话同样绝对正确："只有爱也没有教育。"除了爱，还得有智慧。这里的"智慧"，就包括了理解儿童、洞察孩子心理的智慧，即"懂孩子"。

　　我看过这样一张照片。画面上，一个可爱的光屁股的孩子在船上搂抱着一条大鱼亲吻。看来这孩子对鱼实在是爱得不得了，但他懂这条鱼吗？不懂。如果他懂这条鱼，就应该知道，他爱的这条鱼现在需要的不是吻而是水。如果在不懂鱼的情况下，这么去"爱"着鱼，这条被"爱"的鱼会很快死去。

　　当然，我们不能去责怪孩子，他毕竟还是一个不懂事的孩子，不懂得如何去爱鱼。但是像这个孩子一样幼稚的老师恐怕不少——不能说他们不爱孩子，但因为不懂孩子，于是许多教育遗憾乃至教育悲剧便由此发生了。

　　著名语文特级教师、杂文家吴非先生说过一句十分尖锐的话："一个学校最可怕的事情，就是一群愚蠢的教师却兢兢业业。"为什么"兢兢业业"？因为爱教育；为什么"愚蠢"？因为不懂孩子。

　　在我看来，所谓"懂孩子"，就是要有儿童视角。

　　那什么叫"儿童视角"呢？我不打算进行学术上的概念界定，而想引用苏霍姆林斯基的一段话来说明："一个好教师意味着什么？首先意味着他是这样的人，他热爱孩子，感到跟孩子交往是一种乐趣，相信每个孩子都能成为一个好人，善于跟他们交朋友，关心孩子的快乐和悲伤，了解孩子的心灵，时刻都不忘记自己也曾是个孩子。"

　　"时刻都不忘记自己也曾是个孩子。"这就是儿童视角。

苏霍姆林斯基还说:"教育——这首先是人学。不了解孩子——不了解他的智力发展,他的思维、兴趣、爱好、才能、禀赋、倾向,就谈不上教育。"

"了解孩子"就是懂孩子,否则,"就谈不上教育"。

我国伟大的教育家陶行知也有一段话,意思一样,但更充满感情:"您不可轻视小孩子的情感!他给您一块糖吃,是有汽车大王捐助一万万元的慷慨。他做了一个纸鸢飞不上去,是有齐柏林飞船造不成功一样的踌躇。他失手打破了一个泥娃娃,是有一个寡妇死了独生子那么悲哀。他没有打着他所讨厌的人,便好像是罗斯福讨不着机会带兵去打德国一般的怄气。他受了你盛怒之下的鞭挞,连在梦里也觉得有法国革命模样的恐怖。他写字想得双圈没得着,仿佛是候选总统落了选一样的失意。他想你抱他一会儿而您偏去抱了别的孩子,好比一个爱人被夺去一般的伤心。"

我们都说陶行知富有爱心,其实他的爱心就是一颗懂儿童的心。

郭文红老师也是一位懂孩子的老师。她的"懂"源于"时刻都不忘记自己也曾是个孩子"。

郭老师曾经对我说过,她小时候犯了小错误被老师批评时,老师老要问她:"为什么要犯这个错误?犯错时是怎么想的?"可小小的她怎么也回答不出老师的这个问题。她说:"我当时犯错就没想那么多,就那么去做了,我怎么知道我是怎么想的呢?如果我知道我为什么要犯这个错误,我就不会犯这个错误了。但老师总要追问我,最后我想的不是我为什么要犯这个错误,而是我怎么编一些话来回答老师,她才让我回家。当时我就想,如果我长大了也当老师,我一定做一个不问孩子'为什么要犯这个错误'的老师!"

所以,要读懂孩子,有时候只需要做到古人所说的"己所不欲,勿施于人"——如果你是学生,你不希望遇到怎样的老师,那你就别做那样的老师。

当然,真正读懂孩子,更多时候远不是"将心比心"那么简单,除了把自己当作孩子并设身处地去理解孩子之外,还需要科学地研究。

她曾对我说过,她小时候因为耳朵有疾,好多时候老师的要求她都不知道，于是经常被老师批评"不认真听课"，其实她是听不清甚至听不见。现在自己成了老师了，当她发现某些孩子上课时的种种反常现象时，她首先想到的不是这孩子的纪律问题，而是揣摩，这孩子是不是身体或心理有病？她教过的好几个孩子，都是因此被发现真有心理性疾病的——自闭症、多动症、感统失调症，等等。原以为是单纯的教育问题，其实还"夹杂"着医学问题。对这些孩子，郭老师不仅在教学上予以某些特殊的"关照"，而且还建议由家长带去看医生，或心理疏导，或药物治疗。

所以，要读懂孩子，更多的时候需要通过一双具有人文关怀的眼睛，借助教育科学的手段，去打开一个又一个独特的心灵。

郭老师这本《比爱孩子更重要的是懂孩子》就是讲如何"懂孩子"和怎样"懂孩子"的书，但她没有滔滔不绝地谈理论，而是娓娓动听地讲故事。的确是"娓娓动听"，我曾说过郭老师是"三好老师"——做得好，说得好，写得好。她特别擅长讲故事，一直扎根在一线，每天和孩子在一起，喜怒哀乐都在讲台，故事自然源源不断。在她的笔下，一个又一个天真烂漫的孩子，鲜活灵动；一个又一个精彩动人的案例，发人深省。本书的每一篇文章，都蕴含着郭老师高超的教育艺术，而这种教育艺术又是以非常朴素的教育行为乃至细节呈现出来的。我相信，无论教师还是家长，读了这本书都会想到自己的孩子，想到自己的教育。

爱孩子必须懂孩子，而懂孩子必须研究孩子。无论爱孩子还是懂孩子，说到底都是迷恋孩子。

写到这里，我突然想起加拿大著名学者马克斯·范梅南有一句意味深长的话："教育学，就是迷恋他人成长的学问。"

郭老师，就是迷恋孩子成长的老师。

而迷恋他人孩子成长的老师，必将永远被孩子迷恋。

2023 年 5 月 23 日

（李镇西系教育哲学博士、语文特级教师）

目　录

第一章
读懂孩子的心理

1 你能听懂孩子的话吗?

记得小时候，如果有人要问我最喜欢的事情是什么，我一定不敢说，说出来必然是要"讨骂"的，因为我最喜欢的事情就是——生病。

每次看见班里有同学因为生病请假不来的时候，我心里就特别羡慕那个同学，希望自己也能生病，甚至还会幻想出许多的"白日梦"，梦想着自己生病的模样。

今日读书，看到丰子恺先生的一段文字，一下子把我带回到童年，那个久远的心愿忽然又清晰地浮现在眼前。

这天，丰先生晚上喝了三杯老酒，不想看书，也不想睡觉，捉一个四岁的孩子华瞻来骑在膝上，同他寻开心。丰先生随口问：

"你最喜欢什么事?"

孩子仰起头一想，率然地回答："逃难。"

丰先生倒有点奇怪："逃难"二字的意义，现在他不会懂得，为什么偏偏选择它?倘若懂得，更不应该喜欢。就设法探问他：

"你晓得逃难就是什么?"

"就是爸爸、妈妈、宝姐姐、软软、姨娘……大家坐汽车，去看大轮船。"

看到这里，我突然心动，在那个四岁孩子眼中"逃难"其实就是"全家一起出去坐汽车、坐大轮船"的意思。而我们成年人视角下的"逃难"，却是充满了慌乱、紧张、狼狈。不同的角度，自然得到完全不同的结论。

想到自己，"生病"意味着发烧、难受、吃药、打针、住院、不能上学、不能玩耍等一系列痛苦的感受，而我在童年时光里却是最喜欢"生病"的，究竟是为何呢？现在想来，其实都是有原因的。

小时候，因为爸爸是军人，长期不在家；妈妈是老师，工作很忙，一个女人又要工作又要带孩子难免产生焦虑情绪；平日里奶奶带我较多，但是老年人通常都是两个极端，一会儿宠溺上天，一会儿暴跳如雷，诸多因素让那时候的我很缺乏安全感。

可是，有一种情况会立刻让我安心，那就是生病的时候。

只要我生病了，尤其是住院的时候，妈妈就会从早到晚守在我的身旁，用最好听的声音给我讲故事；用最温柔的笑容包容我的一切，再也不会着急生气；她坐在病床前为我削苹果，一小片一小片递进我的嘴里；如果我嫌药苦，发脾气不想喝，她也从不会呵斥生气，还会笑哈哈地逗我开心……

生病的日子于我而言，其实就是天堂般幸福的日子，因为那里有妈妈绵延无尽的爱与陪伴，那是我童年生活中最亮丽的一道光。

无论是"逃难"还是"生病"，在成人看来，都是一种惊慌、紧张而忧患的经历，然而对于有的儿童来说却是最喜欢的事情，因为大家的视角不同，认知不同，得到的就是截然不同的感受。

丰子恺先生听后说："啊！原来他的'逃难'的概念是这样的！他所见的'逃难'，是'逃难'的这一面！这真是最可喜的事！"

因为素来难得有全家一起出游的机会，素来少有坐汽车、游览、参观的机会，那一天不论时间，不论金钱，浪漫地、豪爽地、痛快地游历，实在是人生难得的快事！只有小孩子敢这么真实地说出这快乐的滋味！

他在这篇散文的最后写道："唉！我今晚受了这孩子的启示了：他能撤去世间事物的因果关系的网，看见事情的本身的真相。我在世智尘劳的现实生活中，也应该懂得这撤网的方法，暂时看看事物本身的真相。唉！我要从他学习！"

还有这样一个故事：一位知名主持人在电视节目中访问一名小朋友，问他说："你长大后想要做什么呀？"小朋友天真地回答："我要当飞机的驾驶员！"

主持人接着问："如果有一天，你的飞机飞到太平洋上空，所有引擎都熄火了，你会怎么办？"小朋友想了想说："我会先告诉坐在飞机上的人绑好安全带，然后我挂上我的降落伞跳出去。"

当现场观众笑得东倒西歪时。没想到，孩子的两行热泪夺眶而出，其悲悯之情远非笔墨所能形容。

于是主持人问他说："为什么要这么做？"小孩的答案透露出一个孩子真挚的想法："我要去拿燃料，我还要回来！！"全场没有人再笑了，顿时静默下来。

同样的语言，在儿童嘴里和大人口中有时候含义是不一样的，如果大人以自己的想法去听儿童的话，自然就听不懂，甚至会误解。而当我们慢下来、等一等之后，就常常会惊叹儿童天真纯洁的本性和他们丰富活泼的创造力。

意大利教育家蒙台梭利就认为："儿童的天性是比金子还要宝贵的矿藏。"陶行知先生也说过："人人都说小孩小，小孩人小心不小，你若以为小孩小，你比小孩还要小。"

现在，已经当了几十年老师的我，突然想到自己有没有听不懂儿童话语的时候呢？有没有听懂儿童话语背后真正的情感与思想呢？有没有过无意中因误解孩子的话，而不理解他们甚至责怪过他们呢？想来一定是有过的（那会给孩子带来多大的困扰甚至伤害啊）。

一位丹麦老师曾经说："儿童是有 100 种语言的。"既然如此，作为教育者——无论是教师还是家长，我们是不是也应该用心去了解并努力学习这 100 种语言呢？

唯有听懂了儿童的语言，我们才能读懂儿童的心灵，才能小心翼翼地探寻儿童的秘密，促进儿童更好地成长，使其潜能得以发挥，价值得以充分的体现。

让我们都努力成为像丰子恺先生一样的大人吧，倾听儿童，理解儿童，接受儿童，向儿童学习！

2 孩子为啥会这么没有"主见"？

今天我看到了两个小视频，特别有感触，因为在生活中确实见到了太多太多这样的情景。

一名年轻女子（可能是记者）在校门口采访一位满头是汗的小姑娘（感觉应

该是低年级的），小姑娘口齿清楚、声音响亮，全程无表情，答案相当干脆简洁但又令人深思。

"你喜欢开学吗？""随便。"

"对这个学校有什么期待吗？""没有。"

"为什么呢？""不知道。"

"新学期有什么新的愿望吗？""没有。"

"没有心愿啊？你一点心愿都没有吗？有没有小心愿啊？希望怎么样？也没有？""没有希望……"

我们知道，小朋友进入学校，是他人生中的一个重要里程碑。孩子刚刚进入学校，他的主要学习任务根本就不是课本上那些知识，而是学习如何当一个学生，接纳自己的身份，主动快乐地融入学习生活，培养其终身学习的习惯。所以，低年级学生最重要的任务就是——发自内心地爱上学校，真心实意地喜欢上学！

可是，上述的目标似乎在这个小姑娘身上完全没有得到展现，她对上学、对新学期、对未来似乎没有任何期待和憧憬，仿佛是一个已经看透人生，对生活充满了失望的人，进入到了一个无欲无求的、看淡一切的境地……

为什么会出现这种"把天聊死"的现象呢？并没有太多的背景资料可以知晓，但是另外一个小视频或许可以给我们答案——

视频中一个异常瘦弱的小女孩，她的嘴巴被醒目的红胶布贴着，怯生生的画外音在颤抖地说着："我是一个没有'主见'的孩子。"

画面一

家长一脸慈祥："今天穿裙子还是穿裤子啊？"女孩快乐地抬起头，两眼发亮，用手一指："裤子。"

家长眉头一皱，立刻变脸，把裤子用力一丢，拿着裙子走近孩子："女孩要有淑女的样子，把裙子套上！"

女孩黯然地低下头……

有人在一旁说："她想穿的是裤子。"家长一脸的毋庸置疑："小孩子懂什么？我都是为她好！"

画面二

小女孩披着头发坐着，家长的声音依旧慈祥："长发还是短发？"

孩子虽然有些迟疑，但依旧睁大眼睛满含希望地说："长发。"

随即听到剪刀的咔嚓声，一缕缕头发掉落下来，家长的声音还是那么坚决："短发方便，不耽误学习。"

家长的手在孩子头上温柔地抚摸着，但孩子的脸上已然没有任何表情……

画面三

家长牵着孩子的手，行走在夜幕下……

家长在引导着孩子："钢琴、跳舞、奥数，我们省吃俭用，都是为了让你成才，你不好好读书，将来怎么对得起父母？你说对吗？"家长越说越激动，眉头也越皱越紧。

"可是我不想学……"孩子有些委屈又有些倔强。"必须学！"家长又一次斩钉截铁地说！孩子只能黯然落寞地低下头。

家长转而又面带笑意温和地问："晚上吃什么？面还是比萨？"

女孩子的眼神中充满了疑惑和恐慌，她盯着家长看了一会儿，低下头怯怯地说了句："随便。"

家长一声叹息，一把扔掉了孩子的手："哎！这点小事都没有主见，以后能有什么出息啊？"

片尾

低头沉默中的女孩子被一片让人窒息的声音包围着——"女孩要有淑女的样子，把裙子套上！""短发方便，不耽误学习。""你不好好读书，将来怎么对得起父母？""小孩子懂什么？我都是为她好！"……

终于，有人一把扯掉了孩子嘴巴上的红色胶布，坚定地说了句："为了孩子好，不是我们的理由。"随着红色胶布被抛，小女孩的脸上露出了坚毅的神情。

视频看完了，我想可能很多人的心情都会和我一样感到有些沉重吧？有没有觉得那故事里的"家长"就在我们身边？或者可能就是我们自己？

其实，儿童天生都是有好奇心和求知欲的，在成人的正确引导下，一旦他对某件事情产生了浓厚的兴趣，他就会集中注意力，专心致志，主动长久地去观察和思考，投入极大的热情去寻根问底……

但是如果不注意方式、方法，像第二个视频中那样过多地强制和干预（当然也不是指什么都要听孩子的），用自以为是的"爱"的名义伤害着孩子，就会让孩子对学习、对生活的兴趣和求知欲越来越低，最终可能会导致厌学甚至更多其他问题的出现。

我想，没有一个家长不希望自己的孩子有主见，但有主见的前提是要让孩子有选择，如果什么都让大人帮孩子选择了，他哪里还会有什么主见呢？亲爱的父母们，也许正是在你我不由分说的"关爱"中，孩子的主见已经消失得无影无踪……

3 在你眼里微不足道的一件小事，对于孩子来说很可能就是一件天大的事

记得在一个教育部重点课题"全国各个地区中小学生心理素质建构与培养研究"向社会公布的调查结果中，曾经有过这样一个值得关注的现象——小学生中存在问题最多的是人际关系的处理。

这个现象也在提醒着我们，在处理孩子之间的一些我们看上去鸡毛蒜皮的小事时，可能需要格外谨慎、认真，而且要善于抓住每一次机会，适时引导和帮

助孩子学会正确处理人际关系。

　　刚巧，几周前我就遇到了这样一件事情——那天的一个课间，班里有个女生跑过来告诉我，她的一支笔借给同学，结果被对方弄丢了笔套……我当时正在忙着批改作业，对她的话并没有怎么在意，以为她就是像很多同学一样，向我倾诉一下而已，于是我一边批改着作业，一边用"嗯，嗯"的字眼，心不在焉地回应着她。

　　又一节课下课了，我去教室找同学订正作业，女生又一次来到我身边，再次说起此事，我心里觉得一个笔套能有多大事呢？于是便有些搪塞地告诉她："我现在正忙着批改作业，暂时没有时间帮你处理这事儿……"孩子有些失望但还是乖巧地走开了。

　　到了中午，孩子再次来到我的办公室，她轻声询问道："郭老师，你现在有空了吗？"我突然意识到，这个在我眼里可能微不足道的一个笔套，在孩子那里兴许就是一件很大的事情，孩子是多么期待她所信任的老师能够帮助自己啊。想到这里，我立刻振作精神，答应她马上处理。

　　我叫来了那位弄丢东西的邻桌同学，知道了事情的经过——原来在前一天，女孩带来一支漂亮的双头荧光笔，在下午的作业辅导时间，邻桌的同学想要借用这支笔，因为两个人关系也不错，于是女孩便同意了。

　　之后，女孩忙着写作业便忘记了这件事情，而邻桌同学用完后也就随手放在了桌上，没有及时归还。到了放学时间，两个人都匆匆收拾好自己的东西，急急忙忙下楼了，谁也没有再想起那支笔的事情。

　　由于放学之后的教室还要被众多社团使用，社团的成员也是来自学校各个不同的班级的同学。因此等到第二天来到学校时，女孩发现那支笔的一头少了一个笔套，而且，没有笔套的那头变得很脏，好像都有些不出墨水了，女孩感到很委屈，自己好心借给对方笔，却出现了这种情况，很不开心。于是便来向我报告并求助。邻桌的孩子有些大大咧咧，自己的东西整天也都是丢三落四的，所以在她手里掉东西我真的是一点也不奇怪。两个孩子都很诚实，对于整件事情的陈述没有半点不一致的地方。

那么，现在怎么解决这个问题呢？我像往常一样将问题抛给了孩子，因为想让孩子自己去处理冲突矛盾，正是锻炼她们人际关系能力的好机会，老师要做的就是引导她们看到冲突点，看到对方的感受和需求——

女孩好心好意把笔借给了同学，却被弄丢了笔套，心里一定很难受，邻桌同学肯定也不是故意的，丢三落四的毛病让她自己也经常弄丢东西，现在看到笔套没有了，心里一定也很着急。我让她们两个决定怎么解决这个问题。

两个孩子经过一番思考，相继提出了"赔一支笔""寻找昨晚在教室的同学"和"自己做一个笔套"这三种解决方案，经过双方的协商，女孩同意了邻桌同学提出的"自己做一个笔套"的解决方案。

听着她俩的对话，我还是感到很欣慰的。虽然我知道孩子不一定能够做出多么精致的笔套来，但这个方案是邻桌同学自己学着负责任的一种做法，而且丢笔套的女孩也很愉快地接受了这个建议，我觉得两个孩子都是非常单纯可爱的，这样和气友善地解决问题的方式也是值得提倡的。为了让这件事发挥出更大的作用，我便在班级将整件事情的来龙去脉做了一个介绍，并且重点表扬了两个孩子在处理这件事情时表现出来的种种闪光点——女孩子对自己物品负责任的态度，请求老师帮助时的礼貌和坚持，听到同学解决方案时的宽容与友善；邻桌同学对待自己失误的诚实与坦率，对于要解决的问题有积极思考的态度，以及最后想出来的"自己亲手做一个笔套"的方案，都是非常值得夸赞的地方。这样的点评自然也是希望通过这件事情能够让更多的孩子学会如何正确地处理同学之间的一些矛盾，不必要为了一点小事情争执、吵闹，甚至动手打斗。两个孩子听到我的表扬，也都非常开心。同学们呢，也都从这件事的处理中收获了很多待人接物的感悟——

女孩说:"我学到了邻桌同学的品质,她很诚实,我和她一起给郭老师说事的时候,她一直都采纳着我的建议,她能诚实地说出自己的错误所在,她的品质值得我学习。"

也有同学说:"虽然借给别人一些东西是很好,但你得看清他是否丢三落四,如果是这样,你就得盯好他,放学前就要让他归还。如果丢了,你需要向别人求助,如果别人没空,他也无法帮助你,你就不要持续打扰他,等别人有空时再说,不能一会儿就忘记了。"

看着孩子在人际交往方面的收获,我感到非常愉悦。现在,整件事情就等着邻桌同学把笔套做好就能完美收官了。

4 孩子的话,你能信吗?

如果现在有家长听到自家孩子说,在学校被同学用半瓶子水浇湿了头发,相信一定会非常气愤,因为这是一个还在穿羽绒服的季节,这么被人在头上浇水,孩子因此生病怎么办?家长心里一定会觉得对方孩子太不像话了,怎么能这样呢?有人一生气很可能会去找老师或者对方家长理论一番。

而被指控的孩子呢?听到这件事情的时候,他的反应是这样的:"什么?哪有半瓶?我只不过弄了一滴水在他头上!"而这孩子的家长听到这里会怎么想?不过就是一滴水,你们就这样大惊小怪的,未免有些小题大做了吧?

你看,同样一件事情,两个孩子站在自己的角度说出来的情况截然不同,请问这时,你会相信谁的话呢?你又会如何处理此事呢?

这就是我最近遇到的一件事情,也是我们老师在日常工作中经常会遇到的事情,解决起来虽然要下点功夫,但总的说来并不算很难。但如果双方家长都一味偏听自己孩子的描述，很多时候就会发生冲突，严重时不仅会破坏两个孩子、两个家庭、甚至家校之间的和谐关系，还有可能影响孩子的社会情感能力发展，对其未来的人格发展、社会交往等产生消极作用。

究竟是怎么回事呢？还是简单回顾一下吧——

昨天，小A同学用书面语言向我倾诉了自己的烦恼："小B同学用水把我的头发给弄湿了。"后面还画上了一个哭脸。

说实话，我的第一个反应就是这两个娃又在闹着玩了，因为在我印象中，这两个孩子性格有相似之处，都喜欢打打闹闹的，平日里也几乎天天在一起玩耍，偶尔也会因为自己吃亏了而跑来告状，道歉之后很快就烟消云散了。所以，对于他们之间的这种小矛盾我也是见怪不怪了。

第二个反应是这两天的气温并不高，我们都还穿着羽绒服，如果真是把水泼在头上，还是可能引起身体发病的，既然他已经向我倾诉了，说明孩子心中是有委屈的，我决定还是过问一下。

于是我找来二人了解情况，事实经过和我想象的差不多，在闹着玩的过程中，小B同学把水浇到了小A的头上，对于这点，两个孩子的说法基本一致。但是在下一点上却出入很大，小A说："他用了半瓶子水浇在我的头上。"小B大声反驳道："哪有半瓶？只有一滴！"

经过两个人面对面的反复比画核实，证明，既不是小A说的半瓶水，也不是小B说的一滴水！

为什么会出现这样的情况？我觉得孩子年纪尚小，受到认知、言语表达等方面的限制，说不清楚事情纯属正常；年龄大一点之后，出于自保，站在自己的角度去描述事件，也在情理之中；即便是成人年，遇到事情的时候，捡着对自己有利的方面去说好像也是很自然的。大人尚且如此，何况孩子？

因此，面对孩子有些夸张的失实表述，我们不可轻易地批评他们是故意"添油加醋"甚至"撒谎"，而要明白，这是孩子这一阶段甚至会延续终身的心理特点。而这种特点每个孩子都有，所以与事实存在巨大差异的叙述，在校园里就太多太多了——

两个孩子打架了，动手的通常会说"我只是不小心轻轻碰了他一下"，而对方一般都会说"他是故意的，他使劲儿砸了我几拳"；学生在校表现不佳，老师严厉地批评了几句，孩子可能会表述成"老师狠狠骂了我一顿，可是别人这样他就不说"；孩子考试作弊被扣分了，孩子可能会解释成"我就是不小心把书翻开了，根本就没有看一眼"……

在我们日常的人际交往过程中，其实这类事情是经常发生的，对于同一件事，在不同的孩子嘴里就会有不同的版本。所以，我们作为教师或家长，如果单独听其中一个人阐述原因，会觉得他说得很对，错误更多在另一方；但是我们如果跟双方都有交流，才会发现事情并不是完全像他们说的那样。

所以我以为，遇到这样的事情后，不管是教师还是家长，先要认真进行调查了解，然后要抓住问题的实质，继而帮助孩子树立正确的是非观、价值观，并引导孩子学会解决问题的方法。

比如在上面的这个案例中，弄清了水量也不代表真正解决问题了，这个问题的核心就是孩子在人际交往的过程中，有没有同理心，能否体谅他人的痛苦，有没有"己所不欲，勿施于人"的基本待人之道，明白自己不喜欢的事情也不应该强加于人的道理。

既然如此，那么在处理的过程中，我们就既不能让两个孩子因此事而对立，也不能让孩子稀里糊涂地道个歉就算完事，而是要在深入细致地了解之后，真正帮助孩子认识到问题的关键所在。

弄清原因是第一位的，我根据自己的经验给两个孩子出了几个参考选项：是不小心弄到头上了，还是玩的就是泼水的游戏？是开玩笑想泼个水到他头上逗弄他一下，还是就是故意的？或者还有什么我没有想到的其他原因？

小A的回答一开始是不知道，后来说他是故意的，接着又说他是开玩笑的。答案前后变化的原因是自己被人浇头不开心，说的时候眼睛里还有泪光，后来又担心这件事引发老师批评惩罚对方，那么自己就得罪他了，于是改口成了是开玩笑。

小 B 的回答是每种原因都有一点，这种回答真是出人意料，一时间我也不知道该怎么回答。

我只能用换位思考的方式跟他交谈，我问他："你愿意别人开玩笑把水浇在你的头上吗？"他说："不愿意。""你不愿意的事情为什么要对别人做呢？"他看着我不说话。

我接着分析，如果是不小心，那么应该及时道歉，并且帮助别人将头发弄干；如果是做游戏，对方没有同意和你玩这个游戏，那就不应该进行；如果是开玩笑，而这个玩笑只给别人带来不开心甚至是身体伤害，那说明开这种玩笑非常不合适；如果说是故意的，那就更不应该了，不愿意别人对自己做的事情，却故意去对别人做，这就是不与人为善，也是一种不道德的行为。

孩子这时候说自己是开玩笑，而且是想到傣族的泼水节，觉得可能很有趣，就泼水了。我接着说："傣族著名的泼水节确实很有趣，可是泼水节的时间是在每年的清明节前后十天左右，而且傣族生活的地方，都是热带、亚热带地区，那里气候温热，即使泼水在身上也不会让人着凉生病，可是我们现在还在穿羽绒服的季节，凉水浇头肯定是不合适的。"

对于这件事，我没有简单地批评，也没有强按牛头道歉，而是用平静温和的语调分析……今天，小 B 同学主动写下了昨日心得："我把水泼到小 A 同学身上，我不应该这样做，我应该与人为善，不给别人带来麻烦。"我心甚慰！

说实话，几乎每天校园中都要发生孩子之间这种在大人看来鸡毛蒜皮的小纠纷，我们切不可因为"小"便敷衍草率地解决。我们必须在充分理解和了解孩子心理特征的基础上，弄清事实真相，对孩子进行动情、合理而又入心的引导。

5 如何才能让孩子激发自己的学习主动性？

在前不久，我刚刚阅读了心理学家爱德华·L. 德西的《内在动机》一书，作者的一个问题让我特别有感触：小孩子在刚出生的几年内，往往对外界有着极其强烈的好奇心，他们像海绵一样不停地吸收着一切新的知识，渴望探索和学习。可是为什么到了学校，那么多孩子都逐渐丧失了学习的动力？

德西经过研究，发现人们长期以来的思考方式可能就有问题，他觉得不应该问"我们要如何激励他人"，而应该问"如何做才能让人们激励自己"。

这个观点让我很受启发，我一直认同荣格先生的那句话——你连想改变别人的念头都不要有，要学习像太阳一样，只是发出光和热。每个人接收阳光的反应有所不同，有人觉得刺眼，有人觉得温暖，有人甚至躲开阳光。种子破土发芽前没有任何的迹象，是因为没到那个时间点，只有自己才是自己的拯救者。

所以，不要试图用控制或者诱惑的方式去激励孩子，而是应该努力像太阳一样，为孩子提供"光和热"，让孩子为了自己而去做某件事情，为行为本身固有的回报而做某件事情。

如何才能让孩子为了自己去做某件事情呢？我给听众朋友分享了几个小故事——

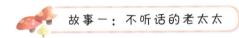

故事一：不听话的老太太

有个老太太有高血压，需要长期服药。可是她从来没有好好地遵从医嘱服药，以至于经常出现昏厥、轻微中风等症状，不得不经常被送进急诊室。医生再次强调要按时服药，并提醒其家人一定要让她吃药，可是老太太总是记不得。

后来，老太太有好几个月没有被送进急诊室，大家都觉得很奇怪，发生什

么事了呢？原来她换了一个医生，这个医生跟她谈了很多关于药物的事情，并且在谈话中问她，一天中什么时候服药对她来说是最好的？

老太太选择了睡觉之前，并且说喜欢一边喝牛奶一边吃药。就这样，她的医生给了她一个选择，让她自主安排吃药的时间和方式，这让她有了很大的不同。她感觉被赋予了权利，有了选择的机会，这对她而言就是一种激励，她的内在动机增强了。

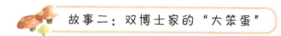

故事二：双博士家的"大笨蛋"

跟家长朋友聊天，孩子是一年级的小朋友，父母都是博士，如此高学历的父母自然对孩子的期望值也不低。

一次，孩子有一道题没有做出来，这道题是一道等量代换的题目，对于抽象思维能力较弱的一年级孩子来说确实有很大的挑战，孩子暂时不太能理解这个问题。

　　博士爸爸觉得这道题太简单了呀，三下五除二就给孩子讲完了，可孩子还是不明白，于是爸爸改编题目，又给孩子讲一遍，还是不行，给他讲一遍、两遍、三遍，一口气弄了十道类似的题目，孩子还是不明白。

　　好脾气的爸爸也受不了了，就说："你怎么那么笨呢？"孩子也天真地拍打着自己的脑袋说："是啊，我怎么这么笨呢？讲了这么多遍，我都做不出来，我都做不对。"

　　你看，作为成年人的父母完全不懂孩子思维发展特点，一味地把做题的数量和正确率作为衡量标准，就会给孩子造成一种"我很笨"的错觉，这种做法会让孩子没有胜任感，自然也不会产生出愿意去主动做题目的自主性。

故事三：小学时期一直倒数的孩子

朋友家的孩子在小学的时候成绩一直在班里是倒数，父母经常被老师约谈，告知孩子的现状，但父亲从来没有因此对孩子有过指责和羞辱，总是在问："你需要爸爸妈妈帮助你吗？你需要爸爸为你请个老师或者上个辅导班吗？"孩子一直拒绝，父亲也不勉强。

虽然成绩在班级里倒数，但孩子的性格很好，父亲总是鼓励孩子要多交朋友，多开眼界，每个寒暑假都让妻子带着孩子游历名山大川，看遍世界风光。在这个过程中，孩子从来没有因为成绩不好而自卑，也从来没有因为成绩在班级倒数而缺失过父母的爱，孩子安全感十足。

小学毕业了，孩子突然开口向父亲提出了一个愿望，说希望进入一个管理十分严格的民办中学学习，因为她很想好好学习，听说那个学校很厉害。父亲多次提醒："你现在成绩这么差，到那里后很可能跟不上，会遇到很多困难，你还愿意吗？"经过再三确认，孩子没有动摇，于是父亲拼尽全力将孩子送进那所中学。

入学后，孩子成绩依然是全年级垫底的，但是现在的孩子和小学时不一样了，她是自主选择来到这里的，她的学习内在动机是强烈的，在这样强大的内驱力面前，什么困难都难不倒她。

三年过去了，孩子在全市五万四千多名考生中，中考成绩是全市四千多名，如此傲人的成绩背后，必然有这所学校老师辛勤的付出，也可能有孩子到中学之后基因种子开花了的原因，但是我想，这背后一定有孩子强大的内驱力的作用，即自主选择带来的内在动机。

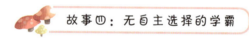

故事四：无自主选择的学霸

一位清华的学霸分享过自己小时候的成长经历，他并没有自主选择权，而是被母亲没完没了地强迫着背音标，孩子特别不愿意。

面对孩子的对抗母亲是怎么做的呢？当时母亲拿着双面镜，和孩子一起比赛，中间是镜子，两个人先照着自己的脸，母亲喊321，看谁的嘴型更夸张，镜子一拿掉，双方就看见对方的脸了，看谁嘴张得更大，哈哈一笑。

这个练习让孩子有怎样的感受呢？他说自己刚上学时，在第一堂英语课上，老师说大家读一下课文，这个孩子刚一开口读，老师马上就发现了他，说："你站在讲台上，你领着大家一起读，你的发音还挺标准的！"

孩子说自信心一下子就爆棚了，再后来，他像这样的英语发声听力练习就完全不需要母亲催促了，这种内驱力来自哪里？它来自孩子满满的成就感。

帮助孩子获得成功的四个故事讲完了，关于如何才能让孩子激发自己的学习主动性的问题，相信大家一定都理解了其中的两个关键词——自主和胜任。这就是激发参与者内在动机的两大心理需求。在未来的日子里，让我们一起来试试吧。

6　为什么娃一看到文字多的题目就不愿意去思考？

在一次对家长育儿困惑的调查中，我发现有相当一部分家长提出这样一个问题：为什么娃一看到文字多的题目就不愿意去思考？为什么题目一长一绕娃就畏难？为什么题目每个字都认识，连在一起就读不懂题目？其实这种现象我们老师也经常遇到，比如说碰到想一想、做一做之类的题目，有一部分孩子就好像没看见一样直接跳过去，或者就去找父母、同伴求助答案，比如有的孩子也看了题目，还留下了一些读题痕迹，但是终究什么也没有写出来，就这么空白着交了上来。

那么，究竟是什么原因让这些孩子变成这样的呢？第一，我以为这可能与不少家庭养育孩子的方式有关系。举个例子来说，现在有一多半的孩子在吃饭的时候，看着眼前的虾不知如何下手，有的干脆选择不吃，有的则拿起来连壳子一块儿吃。是这些孩子没有吃过虾吗？当然不是！真正的原因是这些孩子在家吃虾的时候，都是由父母剥好了放在他们的盘子里，从而使得孩子失去了独自吃虾的本领和乐趣。其实孩子的天性是对新鲜事物感兴趣的，不信你回忆一下孩子刚学会走路那会儿，好好的平路总不爱走，偏要去走那个高高低低、坑坑洼洼、歪歪扭扭的路，很多人会解释成孩子天性顽皮，其实这是孩子在用心地探索着这个充满无穷魅力的世界。

但是这种爱好或者能力很快就会被那些对孩子爱得无微不至的养育者破坏得一干二净：孩子刚要跑，大人说不要不要啊，会摔倒；孩子刚要吃，大人说不要不要啊，会烫着；孩子刚要开口，大人说你别说了，我知道你需要什么，接着就把物品递到了孩子手中……在这种一应俱全、关怀备至的照料中，孩子逐渐失去了这种探索求知的兴趣和能力，进而形成一种惰性思维，那就是任何事情都不需要自己费力气去完成，因为自然会有人帮"我"来完成。那么在这种状态下，孩子看到那么长的题目怎么可能会认真思考、独立完成呢？

第二，我认为这种现象是由人的大脑特性所决定的。我们知道，人的大脑其实特别不愿意动脑筋，为什么呢？因为动脑筋思考问题是一件需要消耗能量的事情，而能量的损耗则会立刻让大脑感觉到对机体存在威胁，于是就会启动防御体系，它让你尽可能地去按照惯性模式行动，因为这样就可能大大减少能量的损耗，让我们停留在舒适区里，人就会感到比较安全。

什么是孩子的惯性模式呢？那就是被动等待。因此就会出现孩子一遇到困难就会大喊大叫"妈妈我不会写"或者"爸爸，快来教我……"之类的话，这就是被家人包办限制了自身发展的儿童遇到问题时常见的现象。关于这点，别说是孩子，就算我们成年人也是一样，遇到陌生的环境，陌生的工作，陌生的要求时，我经常也是不喜欢独立思考，而是喜欢到处去搜一搜，问一问，看看别人是怎么做的，别人是怎么解决的，然后照葫芦画瓢。

因此，在遇到较长的题目时，不能像短题目一样让人一目了然地对题意进行迅速理解，而这时候可能父母又都不在家或者身边人这次不愿意直接告诉他了，那他就只能留一片空白交给老师了。

第三，我觉得可能是孩子的认知理解能力欠缺所致。孩子有可能是对题目中的某些字、词不认识，当然就对题意无法理解；比如我们现在正在学习的连乘应用题，虽然算式看起来很简单，由于是连乘，无论孩子怎么列式好像结果都对，但是由于题目条件不像之前那样有且只有两个清晰明确相关联的量，孩子对于三个量中究竟选择哪两个相关联的量就开始犯迷糊，这与孩子的前期认知水平以及在日常生活中选择和组合信息的能力有着密切的关系。

又比如这道题目中说的"任意想一个三位数，把它悄悄写下来，然后将它依次进行如下的计算……减去所想的数……"上面的这些字词和要求对于相当一部分同学来说，可能都是一个不小的考验；再比如说"小汽车开走 7 辆后就与大客车同样多"这样的表述就没有"小汽车比大客车多 7 辆"让孩子觉得轻松，假如题目读都读不懂，那还有什么解决问题的可能性呢？其实上道题目的下方是有一个范例的，但可能由于上面的描述太长，又有一定的阅读难度，再加上有好几个运算步骤，我估计有些孩子甚至还没有看到范例，就已经开始自行放弃了，这也是孩子缺乏耐心、缺乏坚持到底的意志品质的一种表现。遇到一点困难或者疑惑，就选择放弃或者等待，这是现在很多孩子的特点，即便是在学校写作业，我们老师也经常被喊个不停，看上去孩子挺爱请教的，实际上他们提的问题背后常常一点思考的含量都没有，完全就是等着被喂答案，这样的学习状态不仅很难培养出真正的优秀人才，而且孩子们可能因为不愿意思考而失去最基本的生活能力，后果非常严重。

因为每个孩子的个性特点各不相同，故出现相似问题的原因也千差万别，就孩子不愿意思考较长题目的原因，我观察到的主要就是以上三种，尤其以第一种覆盖面最广，随着年纪的增长，第三种情况会越来越限制孩子的发展。鉴于此，我们可以根据孩子的不同，加强针对性的练习和指导，比如激发孩子的学习兴趣，比如扩大孩子的阅读量，比如增加相关的数学题练习频率，比如培养孩子良好的做题习惯，比如通过体育运动训练孩子坚持到底的意志品质，等等。但与此同时，我觉得我们有必要再次重温儿童教育专家蒙台梭利对广大父母的忠告：

"有谁会想到给儿童不必要的帮助就是对儿童的压制，而且这种压制将严重影响他今后的生活。"

所以，请给孩子一些时间吧，让他们独立吃饭收碗筷，让他们自主穿衣系鞋带，引导孩子自己的事情自己做，教会孩子扫地、抹桌等劳动……学会对自己的事情负责任，养成认真、严谨的做事习惯。战胜大脑的惰性，就从写好每一个字，完成每一道题目开始吧。

7 孩子的每一个烦恼都是一个教育契机

开学一周了，我陆陆续续接到了孩子向我倾诉的各种小烦恼，其中很多都是涉及同学之间人际交往方面的——某同学用水把我的头发给弄湿了；我的同桌和前排同学吵架了，我很烦恼；我把糖吃了，他们都说我小气；我的同桌老是进进出出，一天进出十几次；我的自动铅笔被某某同学拿走了；在课间的时候，某同学总是翻我的笔盒；某同学总偷东西；某同学总是和别人玩，却不和我玩……除了这些写出来的，还有在上课时两个孩子因为一点小分歧就在争执中把书给扯坏，弄得女孩直接崩溃大哭不止……

上述的几件事情中，大哭不止的情况因为已经严重影响孩子接下来的正常学习，所以我立刻进行了解。原因是男生在做课堂笔记的时候动作有点慢，跟不上老师的节奏，但心里又很想把这件事情做好，于是就去看女生的笔记，可是女生认为自己的事情应该自己做，于是坚决不给男生看，就把书翻过去，男生非常想抄好，就拼命用手按住书，就这样，在拉扯中，那页书被撕坏了，女生伤心地哭了……从两个孩子各自的角度来说，似乎都有自己的道理——男生想要做好记笔记这件事，看看女生的笔记，完全没有问题；两个人关系很一般，女生不愿意给男生看，也无可厚非。但貌似都有理由的双方摆在一起，事情就起了冲突，结果是书撕坏了，女生心情很难受，男生被批评了，心情也很不愉快，这是一个没有赢家的处理方式。我们当然是先批评男生，但如果只是简单的惩罚、批评斥责，能不能真的解决问题呢？这样简单处理之后会有什么结果呢？他可能会和女孩之间更加对立，没准还能在其他时候闹出更大的事情来。所以我以为，在批评男生之前，首先要肯定他的要好之心，说明他是想认真记录课堂笔记，这是一个非常值得肯定的事情。

但是抄课堂笔记确实是每个人自己的责任，你因为来不及，想要看同桌的，虽然用心是好的，但是这毕竟是他人的笔记，你需要先征得他人的同意才可以使用，而不能是不管不顾他人的情绪，坚决按着他人的书，以至于最后还把他人的书给撕坏了。对于女生来说，在这件事情上确实没有任何过错，但我还是搂着孩子跟她聊了一会儿，我问："你为什么这么坚决不给他看呢？如果换个成绩好点的同桌你会不会这样做呢？"经过一番沟通，这个成绩不错的女孩承认，她确实觉得和比她成绩差的孩子坐同桌的时候，心里是有些嫌弃的，正因为有这样的心理，所以心里就特别不愿意，最终发生了这样的事情。

问清孩子的真实想法后，我首先告诉她今天并没有任何过错。"但是自己的书被撕了，自己心里很难过，那么有没有可能在自己不错的情况下让自己的书完好无损，自己的心情也不那么难受呢？"孩子看着我不说话。我接着分析："其实每个人都是有自己的长处的，班级中有很多同学可能学习成绩确实不如你，但是并不表示他们就一无是处，也不表示他们永远都不如你。"我列举了成绩不如她，但是在其他方面有超过她的孩子的例子，然后告诉她，每个人都是有天赋的，都是值得尊重和需要平等对待的，用成绩来衡量并看不起他人的想法不可取。还有就是："你心里不喜欢的同学，他一定也能感受得到的，那么他又怎么可能对一个看不起自己的人友好呢？那你们两个坐同桌岂不是一件很难受的事情？你难受他也难受，再换一个同桌如果成绩还是不如你，怎么办呢？"最后，我给女孩讲了一个原先班级发生的类似的故事，教了她一些改善人际关系的办法，还没有讲完，上课铃声已响，她要去上课了……下午，我看见两个孩子非常亲密地坐在一起，共同看着同一本书，这情景，让我感觉非常美好，觉得自己上午的话没有白说。

看，简简单单一件事情，我们需要经过了解事情真相、弄清孩子的心理，准确有效引导这几个环节正向发展，而每一个环节可能都是需要花费大量时间和精力的，能否通过一次处理就能彻底解决问题，绝对也是个未知数。有些时候，家长听信了自家孩子的一面之词，那我们所有努力就很有可能前功尽弃。在弄湿头发的那个案例《孩子的话，你能信吗？》的文末，有网友留言："校园里孩子之间这样的行为太常见了，可又有几个老师能这样费尽心思和精力处理呢？大多是推给各自家长处理。"

确实如此，老师一天中几乎很难有时间来件件桩桩地处理这些看起来与学习无关的鸡毛蒜皮的小事情，但是我又深知，如果这些涉及人际交往方面的小事情不能及时帮孩子解决掉，不能及时消除孩子心中的委屈、不安、紧张、愤懑、厌恶的话，不仅很难建立起良好的班级氛围，而且更重要的是，很可能影响孩子的社会性发展，破坏孩子的上学热情，严重的还可能导致孩子出现心理问题，直接影响孩子的身心健康。在大人看来的小问题，可在孩子那里却是大事情。面对这种情况，我们不能仅仅满足于解决纠纷，而要让每一次小纠纷都成为人格培养的契机。这不是小题大做，而是——教育无小事，事事须留心。

第二章
读懂孩子的行为

1 孩子真的没有自控力吗?

春节一天天地临近了，为了这个隆重、热闹、喜庆的日子，相信大家都在快乐地忙碌着：打扫卫生、添置新衣、准备菜肴等，当然了，大人们一定也不会忘记给孩子们买上他们最喜爱的零食、玩具什么的。

买了这么多好吃好玩的，当然是想让孩子好好享受一番了。但是今天，我想特别提醒大家一件事，在这样肆意欢乐的日子里，请一定不要忘记培养孩子一项非常重要的能力，那就是——延迟满足的能力。

还是说一个真实案例吧：元旦那天，学校送给每位同学一份新年的礼物——一块巧克力。学校送的巧克力呀，孩子们收到后都非常欢喜，拿在手里喜滋滋的。

之后我们就迎来了隆重的颁奖典礼环节，主持人一次次宣布获奖项目，我一次次宣读获奖名单，孩子们一次次注视期待……

每个孩子都在这辞旧迎新的特别时刻，骄傲地登上讲台，收获了一年来自己的那份成长印证——一块金光闪闪的奖牌，抚摸着奖牌上自己的名字，孩子们都非常激动和兴奋。

新年快乐

就在大家都沉浸在佩戴上奖牌的喜悦之时，我突然发现有两个孩子嘴巴里竟然含着巧克力，有些手忙脚乱地登台来领奖。原来，这两个孩子已经迫不及待地将刚才的巧克力撕开包装，吃了起来。

我有些吃惊，在这么一个受到孩子喜爱的、激动人心的颁奖典礼上，这两个娃怎么会"忙里偷闲"地吃起来呢？再定睛一瞧，心中嘀咕，怎么这么巧，正好是他俩？我为什么会这么想呢？因为他俩还真是有不少相似之处——

首先，两个孩子的情绪管理能力都有待提高；其次，两个孩子都比较任性，就拿中午吃饭来说，想吃了，能一连上来添几次饭，不想吃了，那是一粒米都不会碰的。吃饭这样，听课、写作业基本也是这样，都是要由着自己性子来；最后，班级认同度较低，两个人似乎都不怎么受同学待见，期末选票一个得 1 票，一个得 2 票（分列班级倒数第一、第二）……

我突然觉得，他们的表现似乎和现在吃这块巧克力有着某种关联，因为我脑海里已经闪现出了斯坦福大学华特·米歇尔博士，1966 年到 1970 年早期在幼儿园进行的有关自制力的一系列心理学经典实验，也称"棉花糖实验"。

在这项实验中，孩子可以选择一样奖励（有时是棉花糖，也可以是曲奇饼、巧克力等），或者选择等待一段时间直到实验者返回房间（通常为 15 分钟），得到相同的两个奖励。

在后来的研究中，研究者发现能为喜爱的奖励坚持忍耐更长时间的孩子通常具有更好的人生表现，如更好的学科成绩、教育成就、身体质量指数，以及其他指标。

这其中一个著名的例子，就是后来成长为"谷歌之母"的苏珊·沃西基（2020年个人资产约 5.8 亿美元），她本科就读于哈佛大学，并获得加州大学理学及工商管理学两个硕士学位，她在 2019 年被评为全球科技业领导者第 8 位，从 2011 年开始每年均入选《福布斯》评选的"全球 100 位最有影响力的女性"。

据说，在当年的实验中，苏珊·沃西基坚持的时间很长，她从小便展现出不同于常人的逻辑，坚强的内心和极强的耐心。那么，是什么让她如此优秀又如此坚韧？可能，棉花糖实验已经告诉我们答案了，不管是在日常生活还是在学习中，自控力都是孩子成长过程中一个不可忽视的能力。

既然想到棉花糖实验，想到了苏珊·沃西基，再看看眼前的两个孩子，我想，他们目前的问题可能就是出在自控力缺乏上了，无论是情绪管理还是吃饭、写字，或者是和同伴的沟通交往，他们两个的自我控制能力似乎还停留在 3 岁左右，依然是自我中心论，远远没有达到现阶段的儿童发展水平。

我想，我应该借此机会进行引导，不光是对这两个孩子，也是对全班其他同学。于是，我对孩子们讲了"棉花糖实验"，我鼓励孩子们今天都暂时不在学校吃这块巧克力，把它带回家，和爸爸妈妈一块儿分享，同时，还特别嘱咐这两个孩子，剩下的一多半暂时就别再吃了，一下子吃这么大一块儿也太齁了……

然而，也许是我的关于"和亲人进行分享的情感链接"以及"饮食要有节制的劝说"都没有激起娃的内部动机，在联欢会结束放学的时候，这俩娃把一整块儿巧克力都吃完了。

除了他俩，也还有几位撕开包装袋，舔了几口，巧的是，他们也几乎都存在着行为管理不佳的问题，只是没有先前的两个那么明显罢了。

关于自控力，我国著名的发展心理学专家，北师大的陈会昌教授曾经主持过一项长达19年的研究，从孩子2岁起，开始跟踪研究208个孩子的社会行为发展，研究结果证实，孩子成长最理想的状态，就是两颗种子饱满和谐地得到发展，而这两颗最重要的种子中，其中一颗就是自控力。

自控力就好比一辆汽车的刹车系统，如果这辆汽车充满燃油，不停地飞奔，却没有刹车系统，那么等待他的命运可想而知。陈会昌教授说："儿童时期形成的良好的自控力，对其学习成绩、学校适应性以及成年后的事业成败均有重要影响，其影响力甚至超过智力。"

那么，如何培养孩子的自控力呢？我想，过年期间那些喜爱的零食、玩具就是一个很好的锻炼契机，那么，就从引导孩子"延迟满足"开始训练起吧……

2 你能从作业中看出孩子的求助信号吗？

正如每一片叶子都有自己的纹理一样，每一个孩子也都有自己与生俱来的特质。由于每个孩子的遗传基因、天性、禀赋、性格、特质、认知基础、成长环境都是各不相同的，所以，对于每一个活生生的孩子来说，不能在规定的时间点内，理解并完成标准统一的学习内容也是完全正常的。故，当学校老师在按照统一的教学进度进行教育教学的时候，有些孩子有可能会遇到困难，如果他们的困难没被及时发现，不能及时得到有效的帮助，那么，不仅有可能会暂时妨碍眼下的知识学习进度，而且随着时间的推移，还很可能让孩子对自己的学习自信不足，从而影响学习的效果。

那么，从哪儿去发现呢？大家都知道，孩子的表现都写在他的作业本和书本里了，我们只要留心一下孩子的作业本和书本，对孩子的情况就能了解个大概了……今天，就跟大家聊一聊，我在他们的作业本中都看出了哪些信号呢？这些信号又提醒我们需要去帮助孩子什么呢？

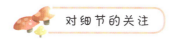

都说细节决定成败，指的就是讲究细节能够决定事件的走向。我以为，细节更多体现在做人、做事的认真态度和责任意识上。

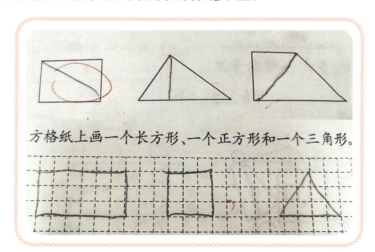

方格纸上画一个长方形、一个正方形和一个三角形。

对于一名一年级的小学生来说，对细节的关注可以从哪些方面刻意引导呢？我觉得可以从这几个方面关注——比如说自觉完成每一项作业，比如说端正写好每一个字，比如说认真说清每一句话，比如说按照要求用直尺画直线，比如说写数字时尽可能不要超出边框线……我在别的文章中写过："一个人认真一次并不难，难的是一直认真，一天、一周、一个月、一个学期、一整年……如果能够从小开始认真地做好每一件小事，久而久之必然会形成良好习惯，一旦形成这样的良好习惯，收获的必然是成功的快乐。" 细节决定成败，责任铸就辉煌，请带领着孩子一起注重细节，感受责任吧！

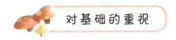 对基础的重视

我曾经把一个学期班级数学平均成绩前 9 名和后 10 名同学的数据进行比对，从他们的一学期口算练习全对次数和数学成绩的对比图中，相信大家可以清楚地看出二者的关联。

左边的序号表示的是孩子本学期的数学练习平均分的排名情况，右边的数字表示的是孩子本学期在学校练习口算全对的次数，从图中我们可以清晰地看出，排前 9 名的孩子口算全对的次数都在 30 次以上，而后 10 名的同学，尤其是最后几位，全对的次数大多少于一半，倒数几位基本不超过 10 次，这其中的关联性乃至必然性相信你应该是一目了然了吧。

序号	次数	序号	次数
1	31	35	15
2	38	36	22
3	30	37	23
4	39	38	26
5	35	39	18
6	33	40	7
7	37	41	18
8	36	42	2
9	41	43	8
		44	5

数学大师陈省身在接受采访时说过："做数学，要做得很熟练，要多做，要反复地做，要做很长时间，你就能明白其中的奥妙，你就可以创新了。灵感完全是苦功的结果，要不灵感不会来。" 每天重复进行这样"单调乏味"的基础练习确实是很枯燥的，数学家苏步青说过："扎扎实实地打好基础，练好基本功，我认为这是学好数学的'秘诀'。" 要知道任何形成肌肉记忆、思维链条的刻意练习都存在反复练习这个环节，比如写字、练琴、打球等技能的起步阶段都是如此。所以，在咱们一、二年级，拜托各位千万不要放松口算这个基础练习。

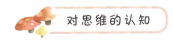

对思维的认知

皮亚杰的儿童认知发展观告诉我们：在前运算阶段中，儿童主要运用符号（包括语言符号和象征符号）的象征功能和替代作用，在头脑中将事物内化。内化的最终结果一定是把所经历的东西在大脑中再建构后形成的表象。 这段话有点绕口，我的理解就是简单一句话——这个年龄阶段的儿童可以利用图和文字来进行新知的学习。那这个学习的前提就是能看懂图、听懂话。 下图中的两个案例，孩子还不清楚要用什么算式表示出两个部分量与整体之间的关系，有可能是孩子在观察能力上的欠缺，未能有效识别两个部分量，也有可能是孩子把两个量之间的相差关系和相加关系混淆了，这都属于还没有看懂图。

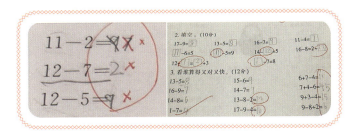

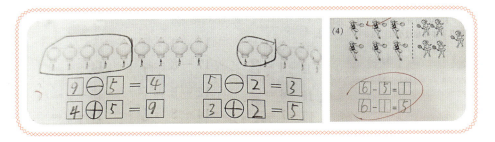

下面这几个案例中，孩子对于题目中"选三个数""画一条线""两天一共卖了多少筐"这些话，可能由于大量缺乏实际生活经验，头脑中完全无法对应出文字所代表的实际意义，因此出现了种种"莫名其妙"的错误，这都属于还没有听懂话。

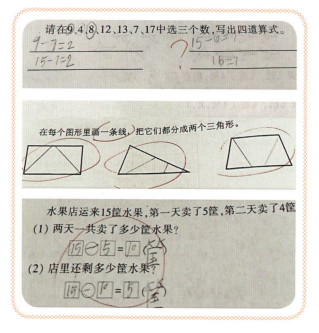

还有下面这种半图半文，既需要对图形认真观察和分析，又需要对文字的准确理解和把握，还需要有将图文进行符合逻辑的结合能力，挑战较大，思维的含金量自然也较大。

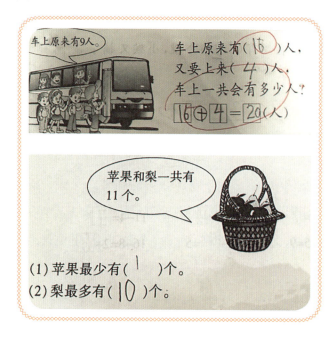

那么，这又该怎么去帮助孩子呢？皮亚杰说："发展就是一种建构的过程，是个体在与环境不断相互作用中实现的。" 这就需要我们丰富儿童的生活体验，加强儿童言语训练，通过大量的阅读、充足的实践促进儿童对环境的适应和认知，这样，才有可能把新刺激整合到已有认知结构中，实现同化和顺应，在头脑中完成内化。

3 孩子的观念、行为就是这样被你给培育出来的

在家长会前，不少孩子通过多种途径向我表达了一个特别的请求，那就是希望父母能够早点下班回家，少参加饭局，少看手机，能够多点时间陪陪自己。

故，我在家长会上特别建议亲爱的父母们：能不能每天和孩子聊会儿天呢？即便是工作确实很忙，即便是应酬确实很多，但只要回家后能够与孩子待上一会儿，聊上几句，想必从你的眉眼间，话语中，孩子就能感受到你的温情、你的陪伴、你的关怀和你的爱意，与此同时也能促进亲子关系的发展，增进家庭教育的功能，推动孩子文化素养的提升，真是一举多得！

为什么要提这个建议？实在是因为在我们日常教育教学过程中，经常会看到一些让我们难以理解的人和事——

比如说有些孩子上课时随便大声说话，即使你已经用各种方式来提醒，他也依旧毫无反应；比如说有些孩子看见同学掉在地上的物品，直接抢走占为己有，理由就是地上的东西谁捡到就是谁的；比如说有些娃看见他人没有答对题目，就会毫无顾忌地大声嘲笑，全然不顾对方的尴尬与羞愧等等……

这些情形的发生，一方面会让人感到有些目瞪口呆，另一方面也会让人感到有些匪夷所思，孩子怎么会这样呢？相信大家一定都会有这样一个念头：这些孩子的家长究竟是怎么教育孩子的呢？

中国人民公安大学的李玫瑾教授曾经说："未成年人是被动的弱者，这意味着他的行为是由身边成年人造就。"回到上述发生那些情形的家庭，你会发现有一个高度相似的地方，那就是：这些孩子的父母都很忙，经常出差、加班、应酬，经常不在家，所以孩子经常见不着父母……

这是不是也在提醒我们，正是因为父母对孩子的关爱陪伴太少，引导影响不足，日常管教缺乏，才让孩子出现了那些失当行为呢？

反过来，在那些文明礼貌、遵纪守规、习惯良好、社会接纳度高的孩子背后，似乎总能看见父母倾情陪伴的身影，那么，他们究竟是如何在日常生活中，在与孩子的交流探讨中，潜移默化地给予孩子以人生启迪和指引的呢？

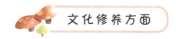

文化修养方面

"妈妈，你参加了两天的研究生复试的面试，你喜欢什么样的学生啊？是成绩好的吗？""通过了初试的同学成绩都不会差的""那你喜欢聪明、阳光、自信的？""说句公道话，我喜欢有礼貌、诚信、自信、积极向上，并对科研充满兴趣的学生。"

母子间的这番对话，看似没有什么实质性的内容，但是我想，礼貌、诚信、自信、向上这些词语可能就是这样被悄悄种进了孩子的心田，家庭成员间如果经常有这样的对话，孩子又怎么可能目无师长、满口脏话呢？

而这个孩子在我眼中，恰恰就是一个阳光、自信、有追求、有热爱的小小少年，谁又能说这一切不是母亲的功劳呢？

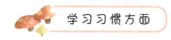

学习习惯方面

孩子订正数学题，写了一个正确的答案就跑了，这种现象很常见，很多时候孩子们都会心里想着玩，手里应付着差事，糊弄完一个得数赶紧闪人，很多时候都是囫囵吞枣、一知半解，而这样订正的结果往往是下次再遇到同类问题时继续出错。

遇到这种情形，很多家长也很焦虑，但也总感到很难搞定，有时候是因为自己也忙得没时间跟孩子追究，有时候是因为不想和孩子发生剧烈冲突而选择了睁只眼闭只眼，有时候是因为自己确实也没有什么好办法，只能眼睁睁地看着孩子敷衍而束手无策。

那么优秀学生的父母又是如何解决这个问题的呢？一起来看看母亲与孩子的聊天内容吧，母亲对孩子说了一件自己上学时的事情——

上作曲课，老师给了一段十六个小节的旋律，让我配和声，我当着老师的面，半小时就完成交给老师了，老师笑了笑，看看，递给我，说："下周再给我，我的要求是每天做一遍，下周见面时把你认为写得最好的作品交给我。"当时我非常不理解，就这短短的两行作业，凭什么让我每天写一遍？有什么好写的？但为了应付老师又不得不写。

但当我一遍遍重新写作的时候，却总是能发现上一遍作业中错误的连接，并发现更好的和弦，一遍一遍地不断完善，这激发了我无尽的创作灵感。

在我最终将作品完成的时候，终于明白了老师的良苦用心，我似乎发现了一个新的世界。老师为我近乎完美的作品打了一个 10 分（最高分），我领悟到——任何创新，都是建立在反复地练习，不断地否定自己，打破并重新建立的过程上。

孩子是特别反感大人们给他们讲大道理的，但是对于这样的小故事，那一定听得是乐此不疲，尤其是父母这样把自己代入，真实故事，真情实感，又包含学习真谛，孩子怎么可能听不进去？试问，有这样的母亲，孩子学习还会不认真、不踏实吗？难怪这个孩子的学习成绩一直在班级都是名列前茅，原来答案在母亲这里呀。

聊天三：行为习惯方面

现在的孩子大多在家里都是小公主、小王子，都是全家五六口人围着转的"小太阳"，他们想问题、做事情往往只从自己的角度出发，虽然说在七八岁的时候就到了去自我中心的年龄段了，但如果家庭中的成年人不注重也不尊重孩子的认知发展规律，一味地强化孩子的自我中心认知，不仅会延缓孩子的发展，也会给班级管理和孩子的社会性发展带来阻碍。

那么，优秀的父母又是如何抓住机会帮助孩子发展的呢？一起来看看吧——

愉快的春游活动结束了，孩子却表示有些不开心，原来在这次春游活动中，有这样一个规定：午餐时间后不允许再吃东西。孩子觉得不太自由，所以有些不开心。

于是，智慧的妈妈立刻就和孩子展开了有关"集体活动和个人出游的区别"的讨论。妈妈说："参加集体活动就是要遵守集体的规定，不能随心所欲。"母亲列举了路上闯红灯的事例，说明了如果每个人都不遵守集体（社会）的规定，那么，这种行为最终会影响到我们每个人自身。

讨论到最后，孩子对午餐后不能再吃东西这件事情表示了理解，也把参观博物馆学到的知识分享给了母亲。母女俩亲密无间、其乐融融。

由于这次春游是参观博物馆，对于孩子的一些行为要求确实比往常在户外活动时要严格一些，孩子们觉得有些不自由也在情理之中，尤其是不能自由地吃东西更是让孩子们觉得有些憋屈。

虽然有这样的情绪很正常，但是家长不同的引导却可能带来完全不同的结果，看了上面这个母亲与女儿的交谈内容，我自然也明白了这个在待人接物上明理懂事，行为举止上得体大方的姑娘是如何成长起来的，衷心感谢好家长。

我们有理由相信，经常被父母这样启发开导的孩子，是不太可能会做出违规违纪的行为，也不太可能发生因一点不合自己心意的事情就和老师对抗的现象，因为孩子已经明白，在一个群体中就是要遵守集体的规定，在个人意愿和集体规定出现不一致的情况下，相信孩子会做出合理的选择。

《中华人民共和国家庭教育促进法》第二条明确指出：家庭教育，是指父母或者其他监护人为促进未成年人全面健康成长，对其实施的道德品质、身体素质、生活技能、文化修养、行为习惯方面的培育、引导和影响。

各位尊敬的家长朋友，孩子在道德品质、身体素质、生活技能、文化修养、行为习惯这五个方面的思想认知、言行举止、行为表现等很可能都取决于家长的培育、引导和影响。

所以拜托您，千万别放弃您作为父母的责任和义务，早点下班回家吧，少喝点酒，少看点手机，多陪会儿孩子，多和他们聊聊天，因为孩子的观念以及以后的行为很可能就来自和您的谈话聊天中。

 4 为什么你的孩子写不出东西来？

在前几天的文章中，我分享了一个很好的学习方法，就是让孩子每天晚上试着总结一下当日所学，并且用文字的方式记录下来。这个方法无论从深化认知、还是加深记忆、再或者是良好习惯养成等角度来说，都是非常有效的。在近一周的尝试中，我发现有的孩子一分享起当日的收获来，满肚子的话犹如滔滔江水，一两页纸都写不完，就让人感觉，这孩子的眼睛、耳朵就像是一架摄像机，全程记录着在学校发生的点点滴滴，你会发现这类同学一般来说都是班级中学习成绩较为优异、各方面发展都挺不错的孩子。

然而，另外也有些同学，每天像挤牙膏一样，完全写不出东西来。你问他有什么收获，他说没有；你问他有什么烦恼，他也说没有；你问他有什么开心的事情，他还是说没有。实在没有办法了，挠着头皮挤出几个字"进位懂了""计算错了"，或者说"下课玩鬼抓人游戏很开心"。

下课玩游戏确实让人开心，孩子能够在学校与同伴愉快玩耍，获得其社会性发展，无可厚非。但是如果一个孩子一整天在学校，读了一些书，听了几节课，完成了一些练习，回去以后却什么也想不起来，这又说明什么问题呢？仔细观察一下你会发现，这类孩子的学习状况大多都不太理想，成绩也基本落在班级后面。那么，这二者之间的差距究竟在哪里呢？我们来稍微分析一下就应该明白，要想晚上能够写出东西来，写出当日在学校学习、活动的内容，这个孩子至少需要具备以下三种能力——观察能力、思考能力和记忆能力。我们说观察能力乃是第一学习力，没有了这种能力，学习状态不大可能出色。有些孩子之所以上课会走神，无所事事，或者刚听到个开头就匆忙举手作答，很可能正是缺乏细致的观察力所致。儿童如果缺乏观察能力，在认识东西上，就会显得苍白无力，而且注意力不集中，缺乏学习能力……比如说我们在教学两位数乘两位数的笔算时，特别突出了计算的程序和第二部分的书写位置，并且通过色块、横式解读、意义分析等多种方法强调了第二部分计算结果表示的是多少个十，因此，乘积的末位要落在十位上。观察能力强的孩子不仅看见了，而且理解了，回家还能画出来、写出来，对于他们来说，完全理解并掌握了新学的知识，头脑清醒、思路清晰、概念理解准确、书写工整，他们在完成相关练习的时候，几乎不存在任何障碍。

理解能力依赖于孩子的前知基础，就像著名的三季人故事一样，你跟三季人根本说不了四季的事，你在对前面所学的乘法认识、乘法口诀、连续进位加法和两三位数乘一位数的计算方法都不是很熟练的情况下，现在来学习两位数乘两位数真是非常困难，当然对未来将要学习的两步、三步混合运算、三位数乘两位数以及运算律的内容来说更会是难上加难。

一部分孩子由于基础知识不牢固、抽象能力发展较缓等，对于新知的学习非常含混。因为听不明白，所以更加不爱听，他们通常表现为上课注意力不集中、发呆、走神等，这与他们的观察能力缺乏和认知水准跟不上有着非常直接的关联。看也看不懂，听也听不明白，回去让他回忆，岂不是强人所难？有了较好的观察能力和扎实的基本功，理解也就没有问题了，剩下的就是有意记忆的事情了，有明确记忆目的并采取相应记忆方法和努力地记忆称之为有意记忆。优秀的记忆力是可以训练的，好的记忆来自好的习惯，每天在课堂上给自己定一个小小的记忆目标，记住一个老师说的关键点，长期训练，时间长了，学习进步一定是水到渠成的事情。其实，一个家长如果想知道自己孩子上课的听讲效率如何，根本不需要找老师来询问，只要每天看看孩子的当日学习收获，基本就可以一览无余了。如果发现孩子的听讲效率很低，我觉得也不用太着急，可以带着孩子用这样的方法练起来，只要你能坚持，相信一定会有较大收获的。我们都知道，"写"从表面上看，是一个输出的过程，是把脑子里的东西倒出来。但实际上呢，经常写的人都知道，写不光是输出，同时也有一个输入的过程。因此，写出来其实比说出来效果更好！比如说孩子要写当日所学，他可能记得一些，但不完全，他会怎么办呢？一定是去看书，查找书本上的课堂记录，有的科目可能还需要去查找资料，动手操作等，然后再在头脑中进行思考、梳理、总结，最后用自己的语言表达出来，这个写的过程，是思考的过程，也是思维有序化的过程。这种主动再输入后，经过自己的思考、理解、加工之后的输出，我认为对孩子的提高作用会更大。亲爱的家长朋友，您愿意帮着孩子一起尝试这个好方法吗？

5　当孩子主动愿意掺和家务事的时候，请千万不要轻易拒绝

前两天，听到一位朋友的抱怨，说是在家大扫除的时候，两口子需要抬个重物，有点力不从心，就喊在自己卧室打游戏的孩子来帮个忙，可是怎么喊也没有用，孩子就像完全听不到一样沉浸在游戏中，一直也没有出来看一眼。两口子感到很伤心。

因为和朋友相识多年，对他们家的情况也比较了解，听到孩子现在这个表现，我不禁长叹一声，"唉，都是因为年轻时不会带孩子惹出的事啊！"

其实孩子小时候也挺愿意帮助大人一块儿干活的，感觉什么事情都愿意来参加，来帮忙，就是愿意和大人一块儿做一切事情。

可那时候的父母不是觉得孩子弄得太慢了，就是觉得孩子搞得太乱了，要不然就是觉得孩子应该去看书学习，还有就是心疼孩子，觉得孩子太小，实在舍不得让孩子一起干，所以每当孩子积极热情地奔过来时，大人总是喜欢用严厉的口吻呵斥孩子，让其离得远一点，等家里弄干净了再出现，所以孩子习惯性地一看到父母劳动就躲开，哪里会想到要过来帮忙呢？

吃东西的时候正好相反，只要孩子愿意吃的，大人一口也不吃，全都留给孩子，而且平时做饭、做菜，全部捡着孩子的兴趣，孩子的喜好，完全没有自我，久而久之，孩子就变成了一个心安理得地享受着家中特权，完全无视父母的需求的巨婴。

说真话，任何人看到上述一幕都会感到十分愤怒，会谴责这样的孩子实在是太不像话了，但仔细想想，孩子之所以变成今天这样，难道不是父母用错误的爱浇灌出来的吗？所以，出现这样的后果也实属正常。

说了这个故事，其实是想提醒各位年轻的父母，在孩子年纪尚小的时候，请千万不要剥夺了孩子和你一起劳动、一起做家务的机会，当你以为自己一个人扛起所有辛劳是对孩子最深的爱时，恰恰可能正在养成孩子自私自利、冷漠残酷的品性，到时候可能真的会追悔莫及。

"好奇"是孩子的天性，对生活中的一切都充满了兴趣，所以，不管是收拾屋子，还是打扫卫生，不管是准备菜肴还是张贴福字，对于他来说都是充满了新鲜感的，他会非常乐意主动参与和学习的，这个时候请千万不要拒绝孩子。

其实做家务不仅可以培养孩子的生活能力和动手能力，还有助于帮助孩子获得劳动技能，同时也可以让孩子知道生活不易，可以让孩子容易充满感恩之心，从而培养孩子的责任心，因此，从小让孩子帮助干家务，对孩子的成长和心理都有一定的益处。

特别重要的是，在这个过程中，哪怕是孩子做得一塌糊涂，哈哈大笑一番之后，也是一桩趣事。孩子总会长大，这些今天看起来特别糟糕的情形总会一去不复返，若干年后回忆起此情此景，难道不是一件甜蜜温馨的童年趣事吗？

亲爱的朋友，春节一天天地临近了，为了这个隆重、热闹、喜庆的日子，请带着孩子一起享受美好的亲子时光吧——无论你在做什么家务事，都别忘记孩子也是家中一员，如果孩子已经主动愿意参与其中，请千万张开双臂，热情地欢迎他的到来，并真诚地感谢他给你带来的幸福滋味……

6 孩子的不良行为就是这样被您强化出来的

这几天聊了不少关于口算的事情，接到网友留言："老师布置的口算孩子一个字也不愿意写，怎么办？"其实这种情况在我自己班级也有，从一年级开始，我们每天布置的口算五遍的任务，有孩子一遍也不愿意读，这虽然已经严重影响到孩子的数学学习状态，但是家长也感到很无奈，孩子他就是不愿意啊，说多了孩子就闹或者一说就哭，家长也就算了。

为什么会出现这种情况呢？一部分原因当然还是家长的重视程度，有的父母觉得现在都有计算器了，还要口算干什么，枯燥无味，毫无意义，这样的认知当然也会潜移默化地影响孩子，孩子出现不乐意的表现又正好符合大人的想法，二者一拍即合，自然不会练习口算。

除此之外，可能还存在另外一种原因，孩子的一些不良行为（包括不愿意好好写作业等）恰恰是被父母给强化出来的，这又是怎么回事呢？还是一起来看一个案例吧——

五岁的小宝玩耍结束后，把玩具弄得满屋子都是，妈妈实在看不下去了，就把玩具整理好收拾起来……

这样的情景在我们生活中经常见到，孩子把抽屉里、桌面、地面弄得一塌糊涂，爷爷奶奶、爸爸妈妈经常会看不下去，于是就会上前把一切都收拾好，这样的"帮助"让孩子更加丧失自理的能力，缺乏基本的生活责任意识。

在我们班的教室里，就曾经发生过这么一件事情：教室里飞来一只苍蝇，怎么都赶不走，我告诉孩子们，可能是教室里有不洁净的东西，散发着它喜欢的味道，所以才会赶不走它。孩子们赶紧查看，果然，有三位同学前几天喝剩的酸奶居然插着吸管被塞在抽屉里放了几宿，现在又和书本、文具什么的混在一起。

虽然天气还没有热到几天就发臭的程度，但毕竟也是春风拂面的季节了，那个隐隐的味道还是被敏感的苍蝇嗅到了，盘旋在这几位的周围就是不肯离去……

著名心理学家阿德勒说："一个儿童之所以杂乱无序，是因为总会有人将他的生活安排妥当。"

我们可以想到，这几个孩子在家里一定是身后都有人不停地帮着收拾的，而这些总帮忙收拾的人一定和案例中的母亲一样，都是因为实在看不下去了，殊不知，这就是在用"负强化法"强化着孩子的不良行为。

"负强化法"简单来说就是"摆脱一个厌恶刺激，从而增强其行为出现的概率。"举例来说，下雨的时候被雨水淋湿就是一个厌恶刺激，当我们发现撑伞、穿雨衣可以摆脱这个厌恶刺激时，那么，在下雨的时候撑伞和穿雨衣的概率就会得到大大提升。这就是一个负强化。

回到案例来说，"小宝玩耍结束后，把玩具弄得满屋子都是"，这对母子二人来说都是一个厌恶刺激。

面对这个刺激，"妈妈实在看不下去了"，母亲知道动手收拾可以摆脱这个厌恶刺激，于是，就强化并增加了自己动手收拾的概率。

　　而对孩子来说，他会发现"把玩具弄得满屋子都是"这个行为，可以让母亲来帮助他摆脱这个厌恶刺激，因此，母亲收拾屋子的行为强化增加了他把屋子弄乱的概率。

　　类似的情况还常常发生在家长关注孩子作业的时候，我们在学校经常会听到那些孩子作业完成不佳的家长说："我们每天都会问他作业写好没有，他却总是告诉我们说'早就写好了''老师都检查过了''我都会了'之类的话，还让我们要信任他，说得信誓旦旦的呀……"

　　这其实也是一个典型的"负强化"的例子，让我试着来分析一下——

　　关于作业，我想网络上那句脍炙人口的"不提作业母慈子孝，一提作业鸡飞狗跳"的话，充分说明了亲子间聊作业是一件多么不愉快且伤感情的事情，这也说明聊作业无论是对孩子还是对父母来说，都是一个强度不小的厌恶刺激。

面对这个厌恶刺激，其实双方都很想摆脱它。对于孩子来说，想尽一切办法让你不要过问此事是上策，为了这个"岁月静好"，他是什么话都能说得出来的，有时候的表现可能也就是使劲儿哭闹，或者是尽情拖延，总之就要你不找他，要你不翻看，要你别提这件事。

而作为父母来说，其实也是真心想摆脱这个厌恶刺激，于是当面对孩子精心"编造"的这个"静好岁月"时，自然也是心甘情愿地去相信的，自然也是不愿意去查看和追问的；看到孩子哭闹得厉害，或者是磨蹭到很晚，自然也是十分心疼的，最后的结果可能就是不了了之。

就这样，负强化形成，家长不检查、不要求，孩子编假话、哭闹、磨蹭的行为概率都得到了增强。

读口算这件事也是如此，孩子一开始读口算的时候，可能会遭遇计算方面的困难，可能会出现一些卡壳的正常现象，如果这个时候大人能够耐心、温和地给予帮助和提醒还好，如果大人不停地催促、呵斥、指责或者皱眉、瞪眼、吼叫等让孩子感到被厌恶，那就会给孩子带来不良体验，那么读口算这件事对于双方来说都是一个厌恶刺激，成了大家想摆脱的事情。为了摆脱这个厌恶刺激，孩子开始哭闹、开始罢工，父母也因此妥协，父母的妥协，反过来又增加孩子哭闹行为的概率。

这种负强化的例子还经常出现在这些地方：孩子在家长或者老师正在和他人谈话或者工作时，不时过来打扰，为了免除这种骚扰，成人就让孩子玩手机、看电视或者自由活动；孩子在商场里大喊大叫，要买物品，家长觉得面子难看，就满足需求；孩子犯错之后，迅速讨饶，父母也不愿意惩罚，轻易放过等行为，可能都是误用负强化而让孩子增加了不良行为发生的概率。

相信这些都不是我们愿意看到的画面吧？亲爱的家长朋友，孩子的某些不良行为可能就是这样被您强化出来的，那么，您现在知道自己应该怎么做了吗？

7 与青春初期的孩子该如何相处?

接到一所学校的邀请,让我给六年级的家长朋友聊一聊"与青春初期的孩子该如何相处"这个话题,我想了一下,我工作三十多年,大约有二十几年都是在和五、六年级的孩子打交道,所以聊聊这个话题还是有点感触的。每一位家长其实自己也都是从青春期走过的,其实大家都应该明白:青春期是一个特殊的时期,这个时期的心理发展是非常复杂,充满矛盾的,因此又称为"叛逆期""困难期"和"危机期",其主要特点是孩子的身心发展不平衡,在成熟与半成熟状态之间容易出现错综复杂的矛盾,由此带来的心理和行为会产生特殊的变化。生活中我们都有这样的经验,当你面对一个行为表现、情绪态度都严重失控的人时,当你感觉这个人简直是不可理喻,跟他无法交流时,当你被气得七窍生烟时,如果有人给你解释一句"这个人正处在更年期"相信你立刻就会释然很多,不太可能与这个人发生争执,因为你知道这时候基本就是无理可说,再说下去可能就会引发极端事件,甚至你还可能马上就由愤怒转向同情,因为你会觉得这个人被身体内部所发生的巨大生理变化折磨得太可怜了。有了这样的经验,我想我们来理解青春期的孩子可能就会容易一些。

首先,他们此刻面临的身体内部的剧烈变化一点也不亚于更年期的人,所以他们出现一些不适应的状况在所难免;其次,他们正处于求学或升学的关键时期,巨大的学业压力、同伴竞争会使他们变得更加焦虑;最后,人的大脑的发育大概要到 25 岁左右才可以完成,青春期孩子的大脑处于没有完全发育成熟的状态,故青少年没有办法完全控制自己的行为。因此,这阶段的孩子很容易在不理性的情况下出现言语交锋、肢体对抗甚至离家出走等极端行为。所以,平安度过青春期应该是这个阶段学生、家庭和学校最重要的任务之一。

那么,我们与青春期的孩子究竟该如何相处呢?结合自己多年与五、六年级孩子打交道的经历，我想给大家这样三条建议：

第一，要尊重青春期的孩子。这主要就体现在家长不要轻易对孩子发脾气上，动手那就更不可行了，如果这时候你再敢动手，后果真的会很严重，大多极端事件的背后，几乎都和亲子间的极端情绪爆发相关联。

可能有人会说："我不想对孩子发脾气，可真的忍不住啊，孩子让我太生气了！"事实真是这样吗？你仔细想想，你会对让你生气的领导发脾气吗？无论他怎么让你不开心，你敢吗？我想这个答案大多数情况下应该是否定的吧？你为什么不敢？因为这个后果可能会造成老板直接炒你鱿鱼，上司可能会给你穿小鞋让你难受，领导可能从此以后不再重用你，所以你不敢。为什么你敢对孩子发脾气？因为孩子不会给你带来任何威胁，所以你对孩子发脾气看上去是不需要承担任何后果的，但实际上却是会让你付出巨大代价的，那就是你可能正在摧毁或是牺牲掉孩子美好幸福的人生。

第二，要平等对待青春期的孩子。平等尊重他人的核心就是重视他人的观点、时间和空间。如果同事在办公桌放一本日记，相信绝大多数人是不会去翻看的，那么对待青春期的孩子也应该如此，即便再想了解孩子的心理也不能随意翻看，因为孩子已经长大了，他需要有一个独立的心理空间，他需要的是尊重，是不随便推门闯入，是不肆意翻看涉及他隐私的东西。生活上注意让孩子独立，孩子自己能做的事情绝对不要再去代劳，比如说吃饭、穿衣、整理书包、收拾房间之类的事情，让孩子形成自己负责的意识，养成自己处理的习惯，否则事事代劳，反而会与他自我意识的增强相矛盾。

由于社会发展迅速，其实有很多新鲜事物孩子可能了解得要比家长更早、更清晰，因此在与孩子对话的时候，要尊重孩子的想法，不要在小事上吹毛求疵，揪住不放，语言上尽可能使用商量的口吻，表现出善意和礼貌，从权威的影响向客观的分析引导过渡，不能用对待小孩子的口吻、居高临下的态度命令孩子，讽刺挖苦甚至羞辱孩子。

第三，要像照料花朵那样精心对待青春期的孩子。花农最需要了解花的习性，然后才能精心照料，父母对待孩子也是一样，必须要读懂孩子，理解人性。父母也需要学习和了解一些必要的儿童发展心理学知识，了解马斯洛的需要层次理论。青春期的孩子，自主意识和自尊感都在增强。他希望被尊重，被理解，被认可，被肯定，他需要心理支持，情感安慰。他需要一个民主、平等、宽容的家庭环境来接纳他的成长。有专家说，导致青春期孩子处境不利的原因主要有四类：学业挫败、同伴交往障碍、师生关系紧张、亲子关系障碍。而这其中，学业挫败是引起学生心理问题的重要诱因。所以，积极帮助孩子获得学业成就感，平稳接住孩子挫败时的负面情绪，无条件地给予安全感，随时提供正向支持，满足其"爱与归属"的需求，应该成为每一位青春期孩子的父母必修的功课。

各位亲爱的家长朋友，六年级是孩子生理、心理、社会行为等方面从未成熟到成熟，从未定型到定型的急剧变化时期，是人生中质的转变期，是脱离了儿童时代认识方式，创造新的自我观念，从心理上重建人生的时期，这一时期的孩子身心都会发生很大的变化，父母需要格外重视，用心陪伴，无论如何，父母对孩子的陪伴都是最重要的，是什么也替代不了的。

8　明明每题都会，为什么却在考试时频频失误呢？

今天，我又接待了几位来访的父母。他们来访的第一件事情，一定是查看了解孩子的期末考试试卷。

在这个过程中，我们发现有些孩子的数学素养明明不错，孩子对数学也很感兴趣，学习成绩基本也能稳定在班级前列。但是却在考试中，因为计算、审题或答题的不细致而出错，导致分数考得不理想。

这样的情况就会让人感到很可惜，同时也很着急，一个妈妈不停地在说："我就知道他会犯这样的错！"那么，明明孩子每题都会，为什么却会在考试的过程中频频出现失误呢？

对于这个问题，我们还要先从生活中的一个现象说起：当我们刚学会骑自行车的时候，会发现自己的思维高度集中在紧紧握住的车把手和车身平衡上，大脑处于高度紧张状态，对于周围的环境好像不能很好地进行观察，甚至身体僵硬到无法控制，这种状态下往往容易摔下来或者撞到周围的人和物。

这现象反映的是大脑的一种思考方式，人思考问题的状态有两种：一种是注意力高度集中的专注模式，另一种是放松休息状态下的发散模式。

上面说的骑车状态正是大脑处于专注的模式中，在专注的思考模式下的思维是集中而狭隘的，因而无法顾及其他。在考试的时候，有些学生也是由于特别专注或者是比较紧张，聚焦自己眼前的这一点内容专注思考，因而造成对其他信息的疏漏，就会出现"看错了"或者"没看到"的状况。

这种情况可以通过提高孩子的做题熟练度来改善和解决，就好比你骑车或者开车的时间、公里数达到了一定的量之后，自然就会越来越轻松，越来越娴熟，信息的摄取可能就不会出现上面这种狭窄和遗漏的情况了。

明明会做但考试总出错的另一个重要原因恐怕就是习惯养成的问题了。

有些孩子往往是急性子，有的学习成绩也还不错，他们写作业的特点是不假思索，提笔就写。它的好处是做事麻利、动作快、不拖拉，思维的连贯性较好，信息提取也比较顺畅。但容易出现的问题是，还没有完整看清楚题目，还没有真正明白题目的本质就匆忙下笔，往往是只看到了问题的某一部分而忽视了整体，经常会顾头不顾尾。这是一种做作业习惯也是一种做事风格。

那么这种习惯又该怎么办呢？我以为这就需要从习惯的养成上下功夫了。我曾说过，只有引导孩子学会把每一件小事（吃饭、穿衣、收拾书包、摆放书本等）认真做好，才可能养成细致严谨、一丝不苟的好习惯。如果做任何事情都是差不多就行了的态度，必然是"差之毫厘，谬以千里"。

1.01 和 0.99，到底相差多少。表面看起来只是相差了 0.02，实在是微乎其微，不足道哉。但是当与 365 相乘后，结果却是天差地别，每天只需要多出一点点的努力，365 天之后将积累成巨大的力量。相反，每天稍稍偷点懒，365 天后将会失去很多！

那么，究竟怎样来培养孩子的良好习惯呢？我觉得对于家长来说，至少要做到这样几条：

第一，每一件事情需要从一开始就给出清晰、可操作的具体要求，比如我们要求做数学作业审题时有圈画，解题时有过程，计算时有竖式，书写时要规范，又比如说拿到题目先不拿笔，用手指读两三遍之后再动笔，等等。

第二，就是不折不扣地坚持执行。比如这个圈画关键词的环节，不能因为题目简单就忽略，也不能因为孩子懒惰就放弃，更不能因为"孩子会做就行了"这种敷衍了事的态度耽搁了好习惯的养成。因为如果在这个阶段三天打鱼两天晒网，那就很难让大脑做出相应的改变，形成良好习惯的自动化模式。

第三，要有及时的评估与反馈，比如每天用表格记录，一周积分反馈等奖励，用正向激励对其行为进行强化，让大脑产生快乐激素，从而愿意继续坚持下去。

第四，就是全家共同形成良好的环境氛围。要想孩子养成认真细致的好习惯，那父母在家中也需要言传身教，注意自己做事的细致性，比如东西是否摆放有序，物品用后是否及时还原，等等。这种周围环境中的同频行为模式，可以进一步刺激孩子的大脑，让孩子形成稳定的神经回路。

有人说，真正改变人生的，从不是惊天动地的大事，而是生活中的点滴小事。是啊，生活中哪有那么多大事，坚持把一件一件小事全心全意地做好，这看似微不足道的小习惯，很可能会在某个时刻影响自己的人生。

第三章
读懂孩子的身体

1 娃的智力真的是天生的、没有办法改变的吗？

我收到一位爸爸近乎绝望的信息："娃的智力真的有问题，实在没有办法，准备放弃了……"想到一个七岁不到的孩子，就被身边的成年人（还有自己的亲生父母）贴上了这个标签，心中实在是有些不忍。

理性接受科学的诊断当然是必要的，但无论如何，我觉得父母都不应该说出"准备放弃"这样的话，你一个成年人都准备放弃了，那让年幼的孩子可怎么办呢？更何况你到底努力了没有呢？你努力的方向又对不对呢？

今天跟大家分享一下我在这方面的一些学习心得。

经常听到这样一句话："天才就是 1% 的灵感加上 99% 的汗水"，自己每次教学到百分数这个知识点的时候，也总会给学生说这句话。这句话就是告诉我们，天才是汗水浇灌出来的。如此悬殊的数据差很容易让人在脑海中呈现这样的想法：只要付出汗水大概率就可以成为天才。

后来慢慢地发现这句话不是那么灵，同样的课堂，同样的作业，同样的教师，同样的付出，学生的学习效果似乎千差万别。

我一直想不明白，直到有一天知道了爱迪生这句话的后一半："但那1%的灵感是最重要的，甚至比那99%的汗水都要重要。"

这让我一下子豁然开朗起来，原来比起洒汗水，灵感才更重要啊！这个灵感应该就是天赋吧，那么这个天赋就应该是基因里带来的，正如高晓松在接受采访被问到对自己最满意的是什么时，他很矜持地说了两个字："基因。"满满的得意和骄傲写在他的脸上，没办法，老天爷赏的，这就是天赋，干瞪眼羡慕吧。

这个认知曾经让我在做任何感觉自己无法做到的事情，或者看到别人取得巨大成绩的时候，就会有一个非常心安理得的解释："咱呀，既没那基因，也没那天赋，所以这个事是做不来的，人家就是天生的能干呀，没有办法的呀。"这么一想，也就没了任何负罪感，继续待在自己的舒适区里。

假期里学习了刻意练习，让我在这个问题上似乎又产生了新的认识。聚焦到这两个问题上——智商可以练习吗？智商是先天的还是后天的？

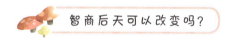

智商后天可以改变吗？

我有个同事，她孩子出生后身体状态不太好，她们一直关注着孩子的身体健康。突然有一天，朋友绝望地告诉我，孩子智商居然只有70(智障临界分值)。

咱们都是当老师的人，都知道低智商的孩子今后在学习中会出现的种种困难，怎么轮上自己的孩子了，这可怎么办呀？真是要急疯了。那个时候，大家都无比同情她，觉得真是倒霉，小孩子身体一直不好已经够烦人的，现在居然还是个低智商，唉！大家都替她着急。

夫妻二人更是着急，不愿意孩子这辈子就这么毁了，于是降低期望值，本着死马当作活马医的心态，他们每天除了注重孩子的身体训练外，也开始带着做点智力训练，每天给孩子讲故事、做游戏……母亲几乎全部心思都花在了对孩子的训练上。

坚持了一年多之后，朋友突然欣喜若狂地告诉大家，孩子的智商提升了。

再后来，孩子完全提高到正常智商……我很清晰地记得她当时跟我说过这么一句话："孩子之所以会出现低智商的情况，主要是以前没有练过……"

练习居然可以改变智商，其实那时候的我是半信半疑的。现在，那个孩子独自一个人在国外求学、工作，一切顺利。这个事实应该让我们相信现在脑科学的研究结论——大脑是用进废退的，你用得越多，大脑就会越聪明，所以，智商是可以通过练习改变的。但是这个结论在生活中常常被忽视。

天赋真的是天生的吗？

天赋是有遗传的因素存在，这一点长期以来都是毋庸置疑的。但是天赋"全都"是天生的吗？既然练习可以提升智商，那么99%的汗水有没有可能促进生成那1%的灵感呢？

从小我们就听说过，陈景润用了几麻袋的草稿纸敲响了"哥德巴赫猜想"的奥秘之门，成为哥德巴赫猜想第一人，为世人瞩目的故事。如果没有天赋，能够成为杰出的数学家吗？如果只靠天赋，需要用麻袋来装草稿吗？

数学大师陈省身在接受中央电视台《焦点访谈》栏目采访时说过的这段话，也许可以给我们答案。他说："做数学，要做得很熟练，要多做，要反复地做，要做很长时间，你就能明白其中的奥妙，你就可以创新了。灵感完全是苦功的结果，要不灵感不会来。"

这段话应该就是他自己和所有像他一样的成才的人成长历程的总结吧，这段话完全可以告诉我们，99%的汗水是可以促进灵感的产生的。那么为什么会这样呢？这应该就是刻意练习下建立起的强大心理表征立下的功劳。

少年天才是怎么形成的呢？

小小年纪就有惊人表现，这样的孩子往往会被人称作天才儿童。真的是生来就这么才艺出众的吗？我们用心理表征来解读一下吧。

莫扎特有一个音乐家的父亲，在莫扎特4岁时，父亲全职教他小提琴，家里全都是乐器；邓亚萍也有个当乒乓球教练的父亲，自邓亚萍 2 岁多开始，父亲常常把她放在他的自行车上，带着到工人俱乐部看他们打球；加拿大最杰出的冰球选手马里奥全家都酷爱冰球运动，他从刚会走路可能就跟着哥哥们去玩冰球了……

诸多神童的案例中，我们都会发现一个相似的情节，那就是孩子在很小的年纪时，就浸润在父母们的喜好或才能中，这就让孩子在很早的时候，就能够在这种环境里，建立起比一般家庭的孩子更丰富且正确的心理表征，这种表征的建立可以减少或者避免孩子在这个项目的发展中因为心理表征缺乏所带来的挫败感。

恰恰相反，早期建立的有效心理表征会让孩子在这个项目的表现中，一次次获得鼓励和赞赏，这样的外界刺激和反馈，又能促使孩子进一步激发兴趣，主动参与，乐于进一步进行练习。

早期的练习中如果出现错误，身边专业的父母就会有及时有效的反馈和指导，更加促进孩子心理表征的完善和补充。这样就进入了一个良性发展的轨道，使孩子更加愿意练习，更加愿意获得奖赏，练习之后又获得新的表征，如此循环往复。

其实，你学得越多，知道的越多，感受到的越多，你的快乐感就越高，而你的心理表征越强大，你消化同类知识的速度就快，你就会显得出类拔萃，与众不同。这也许就是少年天才形成的原因吧。

亲爱的家长朋友们，知道了大脑的这些奥秘，你对自己孩子的成长该从哪里入手有点思路了吗？那就是——立足孩子现状，积极正面应对，找到正确方向，坚持不懈练习……然后，你就会发现孩子会变得越来越好。

2 儿童多动是一种病吗？能够自愈吗？

相对于感统失调来说，我可能是更早知道的多动症，只不过那时候并没有往孩子脑神经发育有损方面去想，相反，我感觉从小到大，周围人群中大多对多动的孩子，更多的时候好像还充满了一种喜爱，这个词也是嗔怪中有褒奖的含义，感觉好动的孩子要比那些不爱动的更加聪明一般，所以可能很多人从来没有觉得多动症是一种病。

所以家长、老师在沟通的时候都会毫不吝啬地说出孩子好动的特点，通常采用的就是一些更加严格的办法，似乎觉得只要多骂骂、多管管孩子就会解决问题一样。其实我原先也是这样，从来没有把孩子的多动表现视为一种不正常的行为，觉得就是孩子活泼好动的天性而已。

直到有一次，我遇上了一位非常特别的孩子，他的那个"多动"真的是到了一种登峰造极的境地，无论何时何地，他几乎没有一秒钟能够闲得下来，不是上蹿下跳，就是满地乱爬，嘴巴里嘟嘟囔囔，手里也是一刻都不闲，不是弄张三，就是撩李四，几乎没有上课下课的界限，随时想干啥就干啥……

这样的状况，上课的时候压根就不可能认真听课，自然是学啥啥不会呀，学习成绩可想而知。因为他，老师们需要经常停下来提醒他、纠正他、呵斥他，甚至要把他安置在最前面——自己的面前的座位，好随时提醒，可是就这样也不行，他依旧在你的眼皮子底下不停地动。

这种情况我们自然是要跟家长沟通联系的，我记得很清楚，家长总是急得满脸羞愧，感觉是自己在犯错一样，不住地跟我们道歉，说给老师添麻烦了，还说回去一定好好教育。后来我才知道，他们说的好好教育就是严厉的惩罚，包括不给饭吃、不让睡觉，罚站几小时……

第一次知道家长居然在这样对待孩子的时候，我简直惊呆了，难以想象天底下居然还有父母用这样的方式教育孩子的，想象着孩子当时的害怕与无助，我心里非常同情，也不能理解家长的做法。而且，即便是这样，孩子的情况也没有什么好转，我心里隐约觉得这个孩子的状况可能不能再简单地用"多动"二字来解释了。

果然，在我们与家长多次真诚沟通之后，母亲终于告诉我们，孩子患的是注意缺陷与多动障碍（ADHD），也就是脑神经发育损伤带来的多动障碍，而且当时这个孩子是重度的情况。医生开了药，但是爸爸就不愿意孩子服药，又没有办法帮助孩子，每次老师反馈孩子在校情况，爸爸就严厉惩罚，母亲一边说着一边流着痛苦伤心的眼泪，那无奈、绝望又悲伤的样子让人很是不忍。

这是我第一次知道注意缺陷与多动障碍，这和我们之前理解的"多动症"可能不是一回事，我心里想，以后可不能随意说那些活泼好动的孩子"多动症"了，因为这真是一种病症呢。

当时，对于这种病我是一无所知的，很茫然，不知道自己可以做些什么能够救助孩子，一方面觉得孩子很无辜，家长很累，另一方面又觉得自己每天也被折腾得够呛，每天在学校几乎要分一半的精力在这个孩子身上，这究竟可怎么办呢？还有，既然有药物可以治疗，父亲为什么又不愿意让孩子吃药呢？是吃药也没有效果吗？

在之后我完全了解了药物对孩子的作用。那是快要考试的前一周，孩子们进入了紧张的总复习阶段，主要精力都在复习迎考上，一时间我好像忽略了这个孩子。

突然有一天，我发现他好像安静了许多，上课也不闹腾了，也不随便离开座位了，也不跟人吵架了，就像变了个人似的，课上也能跟着我们一起读书、一起写字了，虽然人变得有些呆板了，但毕竟摆脱了多动的状态呀，我一开始以为是他懂事开窍了，心里特别开心，到处跟人说他的转变。

办公室有一位之前就在这个班的老师非常淡定地告诉我，他爸给他吃药了。老师介绍说，他爸很在乎孩子的学习成绩，每次考试前一个星期开始给孩子吃药，希望他能在复习阶段安静下来，事实上效果确实明显，只要一吃药，孩子立刻就会有显著变化，变得正常了许多。然而一旦考完试，他爸就会立刻停药，一切又恢复原状。哦，原来如此！

虽说不容易，其实我也只教了他一年而已。说真话，原先我是每天数着日子计算着他毕业倒计时的时间，每天都在煎熬中度过。

自从知道他患有"多动障碍"之后，我的厌烦情绪比之前少了许多，因为我明白了孩子并不是故意要这样的，因为生理上的某些原因，他也很难控制自己的，他如此无辜，还要遭受那么多的指责、谩骂和惩罚，孩子该有多可怜！这么想了之后，也就多了一份包容心，更多了许多接纳他的空间，心态变了之后，一切都会跟着改变，虽然我并没有能力去救治他，但是我至少可以去理解并善待他，并用自己的行为去影响整个班级，就这样，他还是在相对平稳的环境中度过了小学的最后一年。

现在，我遇到的多动症儿童好像越来越多，为了更多地了解这个"多动障碍"，当然也希望能够更好地帮助到孩子，我也认真地学习和了解了更多的相关知识，知道了——

儿童多动症又称注意缺陷与多动障碍（ADHD）或脑功能轻微失调综合征，是一种常见的儿童行为异常疾病。这类患儿的智力正常或基本正常，但学习、行为及情绪方面有缺陷，主要表现为——注意力不集中，注意短暂，活动过多，情绪易冲动，学习成绩普遍较差，在家庭及学校均难与人相处，日常生活中常常使家长和教师感到没有办法。

治疗方法包含很多方面，包括药物治疗、心理治疗、父母行为矫正、学校教育以及特殊教育等多方面的干预和帮助。这个病和感统失调不同，并不是所有的多动障碍到了青春期症状就能得到缓解，近年来的研究显示，到了成人时，还有近一半的患者会持续为成人多动症。

有专家介绍说，成人多动症患者除了仍存在多动症的症状外，更容易患某些精神疾病，如情绪障碍、焦虑障碍甚至反社会人格障碍等。因此，在孩子年幼的时候，如果发现还是应当及时干预，必要时服药并辅以心理治疗以及感统训练等，以达到良好的治疗效果。

3　娃的注意力就是这样被破坏的

看到一个小视频，介绍的是央视某著名主持人谈读书的一个片段，她说道："我每天都会保持睡前一个小时的阅读，这是几乎雷打不动的，卧室里，没有电视机，没有手机，没有任何电子产品，这是我的一个习惯……"

在感到敬佩之余，联想到经常在接待家长的时候，听到这样的询问："孩子上课注意力集中吗？他能认真听讲吗？"这一方面说明咱们的父母朋友都很清楚，上课如果不能专心听讲，对孩子来说，在校的学习效率将会大打折扣；另一方面也说明孩子上课听讲状态欠佳的问题确实很普遍。

关于这个问题，教育家乌申斯基是这样评价的："注意力是我们心灵的唯一门户，意识中的一切，必然都要经过它才能进来。"蒙台梭利也说过："儿童发展的第一要素是专心。"再从大脑的思维特点来说，只有进入到专注模式，才有可能对某个问题进行深度思考。

由此可见，这个问题确实非常重要，父母的关注焦点也是完全正确的。孩子才一年级，六七岁的年龄，决定了他们注意力特别容易分散，很容易被一件小事吸引。再加上诸如性格、大脑发育程度以及家庭教育等多方面的影响，因此在这点上，孩子之间存在着较大的个体差异。

那么，那些注意力不能集中的孩子都可能是什么原因造成的呢？我今天想跟大家分析其中的一点，那就是——很多时候，父母可能自己也没有意识到，有时候让孩子不能专注听课的始作俑者恰恰就是他们，也正是他们充当了破坏孩子上课专注听讲的罪魁祸首。

如果不信，这里有几件物证，它们分别来自几位上课听讲效率较低的孩子。

这是一个貌似很普通的铅笔盒（这是男孩的，女孩的则是粉色系列），乍一看似乎并没有什么，可是我发现拥有这种铅笔盒的孩子上课时几乎从来不看我，只顾着玩手中的铅笔盒，如果被我发现，就会立刻转入"地下"，藏在抽屉里偷偷玩，甚至能和前面的孩子"忘情"地沉浸在自己的天地中，完全没有任何上课的概念……

我感到很费解，走近仔细一看，这才明白，原来这里的每一个按钮都是一个小机关，一按就会弹出一个小抽屉，或者拱起一座"小桥"，而每一个小盒子、每一个小机关又都被孩子快乐、兴奋、神秘地想象成了各种魔幻世界……难怪孩子如此着迷啊！

我问孩子怎么玩？他在给我介绍时亦忍不住内心的喜悦和激动，嘴角时不时露出微笑，周围则聚焦了一片向往和艳羡的眼神，很有可能，很快就会出现一堆这样的铅笔盒。

　　再来看看这个笔袋，我第一眼见到的时候，简直惊呆了，这哪里是笔袋啊，简直就是孩子的一个玩具大本营啊，这些栩栩如生、五彩缤纷的橡皮，每一个都那么新鲜无比地躺在那里，迫切地呼唤着小主人的到来。别说孩子了，就连我看了，都忍不住想拿出来把玩、欣赏呢！你看了之后是不是也有这个冲动啊？

　　令人震惊的是，这个孩子还在不断升级着他的橡皮玩具，而且有愈演愈烈的趋势，孩子后来利用上课和下课的时间，用颜料给白色橡皮涂色后，再用铅笔戳上，制作成"牙签肉"，然后"五块钱"一根在教室开卖……

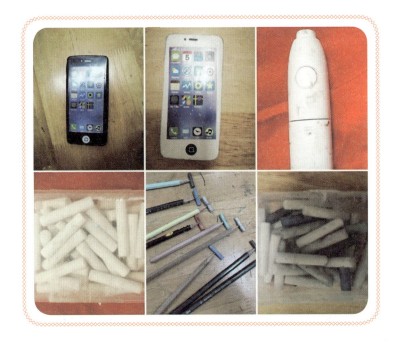

　　还有一个姑娘一节课几乎就没有抬过头，一直在桌子下面翻来覆去地"折腾"，好几次都看不到她的身子了（钻到下面去了），你提醒几次，她也只是暂时把眼睛转向你而已，而身体和手仍然停留在原先的姿势，随时等着你一转脸，她就继续忙活她的事情。她一节课都在忙什么呢？原来她的这套乐器橡皮少了两块，她找不着了……

类似的物品还有很多很多，例如亮晶晶的小贴画，满是洞洞的小尺子，各式各样的新潮书包（有个娃几乎天天都蹲在下面折腾她的书包），等等…… 相信设计者们也是深度研究了儿童心理，把握了父母的心态，洞悉了人性的弱点，精心设计，巧妙加工，其目的就是让你开开心心、高高兴兴地掏钱……

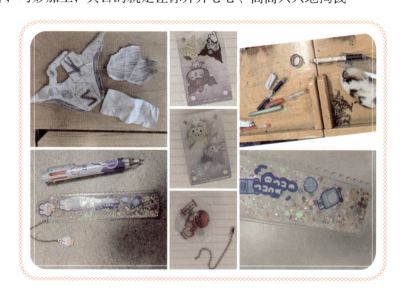

看到这里，我不知道各位家长是怎样的心情，对儿童的心理有那些设计者了解得透彻吗？当我们满怀着给孩子带来幸福快乐的希望买下这些物品的时候，可能真的没有想过，这些物品除了会给孩子的学习生活带来很多欢愉之外，也会让孩子因为这些而严重降低自己的课堂听讲效率，而这两者相比，究竟孰轻孰重呢？

上课时，如果孩子的注意力始终被这些新奇的、鲜艳的、不断变换的"玩具"吸引，他必然会沉浸在那充满乐趣的幻想世界里，那他还有多少精力来关注课堂真正需要聚焦的知识点呢？他又有多少能量来思考和学习那些看上去远比这些"玩具"单调和乏味的写字、算术呢？

美国医学与生物工程研究所的芭芭拉·奥克利曾说："每一次微不足道的注意力转移都会消耗大脑的能量，让你迅速感到疲劳，多次积累后就会让你事倍功半，还更容易出错，能力变弱。"

教育家蒙台梭利也说过："不要给孩子太多玩具。因为太多玩具会影响到孩子的专注度，孩子就很容易走神，没有办法认真地去探索一件事情……"事实也确如蒙台梭利所说，上述的几个孩子普遍存在注意力不能集中的问题，听课效率很低，一年的学习效果表明，玩具已经非常明显地影响了孩子的学习效果。

注意力是智力的五个基本因素之一，是记忆力、观察力、想象力、思维力的准备状态，所以注意力被人们称为心灵的门户。如果孩子在注意力上出现问题，必然会阻碍知识的吸收，影响学习质量。

所以，亲爱的家长朋友们，如果你们希望孩子上课能够专注听讲，放学后能够认真做作业，读书的时候能够集中注意力，那就请从现在开始，从今天开始，把这些"学具"撤离孩子的书包、书桌甚至卧室吧，把它们放到孩子玩具房中去，让它们在那里尽情地陪伴孩子快乐地游戏吧……

4　关于儿童专注力的秘密

蒙台梭利说："儿童发展的第一要素是专心。"而从大脑的思维特点来说，只有进入到专注模式，才有可能对某个问题进行深度思考。因此，对于这个专注力的培养问题，家庭的全体成员都需要高度重视。

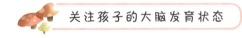

关注孩子的大脑发育状态

孩子上课总说话或分神，有一种原因你可能没有想到……这部分内容详见链接《孩子上课总说话或分神》。解决这个问题最重要的是给予孩子所需要的帮助。

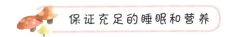
保证充足的睡眠和营养

在人脑内，会分泌一种液体脑脊液，它有供给脑部营养、排除代谢产物的作用。研究表明，人只有在睡觉的时候，才能高效清除大脑里的代谢废物，让大脑恢复活力。而要洗掉积累了一天的代谢垃圾，一般需要持续 8 小时左右，正好符合人类最佳的睡眠时间。一旦睡眠不足，脑内垃圾不能被完全清除，就会积累到第二天，就会加重大脑的负担，降低它的运转效率，就会出现注意力不能集中、无法思考等情况，必然就会影响听课、影响阅读、影响学习的效果，造成儿童和青少年学业成绩下降。

孩子年龄小，身体各部分的生长发育速度都很快，大脑的新陈代谢也非常旺盛，更需要拥有足够的睡眠才能保证及时清理掉代谢垃圾，恢复满满的活力。所以，才有这样的规定——原则上保证小学生每天 10 小时以上的睡眠，初中生 9 小时，高中生 8 小时。

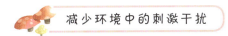
减少环境中的刺激干扰

脑科专家告诉我们："每一次微不足道的注意力转移都会消耗大脑的能量，让你迅速感到疲劳，多次积累后就会让你事倍功半，还更容易出错，能力变弱。"所以，要尽可能地减少环境中的低层次刺激，减少干扰，不要给孩子太多玩具。孩子在专心做一件事情（如写字、绘画、做手工、看书等）的时候务必不要打扰。

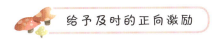
给予及时的正向激励

在平时的生活中，耐心等待孩子的第一次专心做事的机会，当孩子全神贯注完成某件事情后，要亲切又认真地告诉孩子："宝贝，妈妈发现你身上有一个特别宝贵的品质，那就是做事专注。"多次这样的夸赞之后，父母就通过这样

的方式，逐渐给孩子贴上一个积极正面的标签，建立起这样的一个心理暗示：我是一个做事专注的人。孩子也就有了今后的一个行为导向。安东·契诃夫说："你认为自己是什么样的人就将成为什么样的人。"

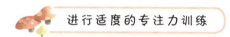
进行适度的专注力训练

这类练习在网络上有很多介绍，比如同一时间只做一件事情，比如说延时满足提升孩子的自控力，比如说通过剪纸、七巧板、舒尔特表格做视觉专注训练，比如说用球类运动做动觉专注训练，等等。而我还想特别提示的一点就是——多阅读，多观察，多提问。从孩子有了意识时起，就要有意识地引导孩子观察周围的各种事物和现象，留心它们的因果关系。苏霍姆林斯基说："观察的能力，发现那些一眼望上去没有什么特色的事物的能力，是支撑思维翅膀飞翔的空气。"儿童如果缺乏观察力，在认识东西上，就会显得苍白无力，而且注意力不集中，缺乏学习能力。

第四章
我们应该这样爱孩子

1 教孩子自己选择比帮他处理更重要

在学校经常会遇到小娃"打架"的"诉讼"，身为老师，我其实很头疼这类问题。

不处理吧，好像是不回应、不解决学生问题，娃回家一说很可能就会演变成一件能够引发家校矛盾的大事；处理吧，不仅要牵扯自己大量的时间精力，稍有不慎可能不但没有解决好两个孩子的问题，还会演变成两家大人的问题，那个乱啊！再者说，还有可能助长班级中"告状"风气的蔓延，让老师深陷这些琐碎事务之中不得脱身……

其实，从教几十年，我遇到的小娃"打闹"一般情况下都是这样几个程序，原本是两个人在一起玩的，笑着、闹着的过程中出现了身体接触，你撩我一下，我碰你一下，碰着撩着，突然有一巴掌拍重了（小孩子都是没轻没重的），或捏疼了，这下，另外一个就不开心了，也开始加大了力气，于是，笑脸变哭脸，友谊的小船就这么说翻就翻了……

如果仅从表象上简单处理一下呢，往往都是那些能言善辩的娃"有奶喝"，甚至他们会讨了便宜还卖乖，而那些木讷内向、不善言辞的孩子常会"吃亏"，这时候的

他们心中要么积蓄不满情绪，觉得诸事不公；要么觉得委屈郁闷，万事萎靡，这样都可能会埋下更多其他的隐患……

也有很多时候，老师、家长可能要求这样的两个娃不要在一起玩。可是你会发现，这样的要求几乎没有用，越是闹得厉害的两个娃，往往越是喜欢在一起玩，真可谓是"剪不断理还乱"，所以，这样的小矛盾总是会源源不断……

就我个人感觉而言，小孩子们在一起打打闹闹原本是很常见的事情，是孩子社会性发展的一个重要过程，在这个过程中，娃需要学会和发展与人沟通、交往等社交能力，这是每个孩子都必须经历的过程，成人不应该过度干预。因此我认为，教孩子自己选择比帮他处理更重要。

还是举个例子来说明一下吧——

班里就有两个这样"相爱相杀"的娃，刚开学按照身高分座位，他俩刚好坐在了一起，天天"打"得不可开交，尺子折断了，本子撕坏了，上课时二人经常面红耳赤，两双手互相纠缠在一起相互较劲……

后来，老师把他们的座位调开了，但仍然隔不断他们的这番"厮杀"情，但凡是有一点点自由的时间，两人都会在一起，仔细观察，其实他俩的友情真的挺深厚的——

一个被老师批评了，另一个也会在一旁等着；中午喝酸奶了，一个拿的时候也会想着另一个；交作业了，一个交了，一定要看看另一个交了没有；写字也是，自己写完了，总是要关心着另一个……但是这种关心经常是用"告状"的方式来呈现，因此也会遭受到对方的猛烈回击……

前几天，其中一娃又委屈地跑来"告状"说："我被他用脚踢了肚子五脚……"

我一边摸着她的肚子一边说："哎哟，踢了五脚啊？他太过分了！你现在一定很疼吧？我很生气！"这样的说法是在进行两件事情，一个是描述她陈述的"事实"，一个是表达自己的情绪，这样可以让孩子感觉到被人看见和理解。

娃的情绪好多了，肚子自然也好多了，但仍急于让我去处理，我没有动弹。

我接着说："我很生气他用这样不文明的行为对你，我也很生气为什么他又是对你这样？我已经跟你说过很多次了，他是男生，动作幅度很大，你们互相闹着玩的时候，你可能会被'打'，你为什么总是不听呢？"

这段话是在阐述我生气背后的原因，因为娃的情绪已经被我看见并安抚，因此，现在我说出自己的情绪她是可以接受的。

最后，我提出解决问题的要求："如果你选择参加足球比赛，那么就意味着你选择了遵从比赛规则，也就是在合理冲撞的范围内，你即使是被撞伤也不能抱怨。""现在你如果选择继续和他做朋友，你其实就是选择了自己可能被'打'，当然这个过程中你肯定也有动手的时候，既然是自己的选择，那就自己承担后果，不能你打了别人就不吭气，被别人打了就要来告状。"

娃听了一声也没吭，我接着说："其实，做朋友不一定非要打打闹闹的，你们可以非常友好地继续做朋友，当他发脾气的时候，你可以告诉他你不喜欢这样，当你发脾气的时候，也要想到别人可能不喜欢，这样的朋友别人才愿意交呀。你说呢？"

上课铃声响了，娃跑回去上课了……

又是两天过去了，娃没有再来告过状，而每节课下，我依然都能看到他们开心地玩在一起，一个在飞纸飞机，另一个在追着纸飞机跑，那灿烂的笑脸不得不让人羡慕甚至有些嫉妒童年的纯美……

看着欢笑奔跑中的娃，我暗自庆幸，自己没有简单地拆散他们，没有武断地评判是非，没有粗暴地干涉属于他们的成长，而是给了一个机会，一个自己做出选择，自己承担后果的机会，现在看来，真是无比美好。

社会学家告诉我们——同伴关系是儿童生活中重要的一种人际关系，对儿童和青少年发展起着重要作用，同伴关系影响着儿童认知、情绪情感、社会性、自我概念和人格以及行为的方方面面，在儿童发展中起着极大的作用。

同伴互动在孩子发展中具有与成人互动所无法替代的作用，同伴互动能促进儿童的包括认知、社会性等多方面的发展，成人更应该有意识地为孩子营造与同伴交往、相处的机会。

2 在大自然中激活孩子学习的天性

今天，看到一篇文章，它的标题让我怦然心动——《世界上最美的教室，叫大自然》，它让我情不自禁地联想起陶行知先生创作的那首脍炙人口的歌谣《春天不是读书天》，我想，能够在春天去亲近大自然的人，一定能够受到最美的熏陶。为什么这么说呢？这其中究竟有着什么样的理由呢？其实，科学家们早已经为我们做出了解答：大自然中没有课桌和书本，让儿童回归大自然，他们不再是间接通过课本学习，而是通过与自然实物的直接接触得到了全身心、多感官的体验，孩子们的观察力自然而然变得敏锐，他们探索和学习的天性也会被彻底激活。

陶先生在《新旧时代之学生》里也有这样的解释："什么是活书？活书是活的知识之宝库。花草是活书，树木是活书，飞禽、走兽、小虫、微生物是活书，山川湖海、风云雨雪、天体运行都是活书。" 将眼光从自然进一步扩大，"活的人、活的问题、活的文化、活的武功、活的世界、活的宇宙、活的变化都是活的知识之宝库，便都是活的书。"一言之，"新时代的学生要用活书去生产，用活书去实验，用活书去建设……用活书去树立一个比现在可爱可敬的社会。"这正是陶先生的初衷，是他将自然向学生敞开的缘由。 所以，许多看似"不务正业"的旅行、踏青，哪怕只是走进一个郊野公园，对孩子产生的积极影响可能都远超你的想象。而长时间的户外玩耍已经被证明对孩子的平衡能力、灵巧度、身体协调性、触觉灵敏度和深度感知能力都非常有益。

我们也看到，那些经常在大自然中活动的小朋友在进入小学后，无论是在读写能力，还是身体技能或是社会交往等方面都会提高得很快，这些孩子通常也更自信、更阳光、更健康。

亲爱的家长朋友们，教育孩子不仅要让他拥有聪明的大脑，更要让他有一个有趣的灵魂。生活即教育，万物有灵且美，在这个温暖的季节里，让我们一起拜访春天，一起向着大自然这个"最美"的教室立刻出发吧……

3 爸爸妈妈是小孩成长过程中最不能替代的搭档

这是一个进步特别明显的孩子，从一年级时的完全不在状态，到现在的成绩基本稳定在优秀，孩子的变化几乎是翻天覆地，细细阅读他爸妈的分享，无论是数学还是语文，相信你一定会有启发和收获的——

收到老师的信息，说孩子本学期数学进步很大，问我有什么心得，我一时间不知从何说起，内心百感交集。

首先，很感谢郭老师，一直给我信心和支持。娃一年级数学一直夹在一堆满分学生当中突兀地徘徊在及格线，当时我的老心脏几乎每天都在承受极限挑战，郭老师一直告诉我说："娃没问题的，相信我的眼光！"并且教给我各种锻炼孩子专注力的方法。

现在有了成绩，老师就把这些成就完全归功于家长，请家长总结经验，其实真的，最宝贵的经验还是那句话：家校一致，跟老师保持有效沟通，并且努力完成老师告知你的看似不起眼的小方法，养成良好的学习习惯。

其次，很感谢我的队友——娃爹，娃爹曾经说过，爸爸妈妈是小孩成长过程中最不能替代的搭档，不能有一方在责任、时间、学识上缺位，否则孩子就得全靠自己啦！

在数学上，娃爹的付出真的让我佩服。由于我负责的学科是语文，所以我问了他这一学期下来的心得，没想到他真的总结出了一套理论，在此我也分享给和我一样焦虑的"老母亲"们：

尊重孩子的成长规律

这个理论其实不是我们娃爹说的，最早我是听孩子的奶奶，我的婆婆跟我谈过。我婆婆是很有名气的数学老师，在我婆婆的影响下，我老公被优选成为南京市第一届奥林匹克数学学校学员，师从全国奥林匹克总导师单墫教授，在全国奥林匹克数学竞赛中屡次获奖。所以，我一直认为我的儿子数学能够近水楼台。

儿子上幼儿园中班的时候，我开始请我婆婆对他数学启蒙，被一口回绝，说孩子太小，让他玩，我心里虽然着急，但是耐着性子等了，到了大班，周围

"鸡血"氛围已经白热化，很多小孩都已经开始上幼小衔接，开始会做加、减法，我的儿子还停留在数数的阶段，我开始焦虑，每次去奶奶家都会问，我们的幼小衔接要不要开始？

奶奶说："十以内加、减法你可以让他学学，但我不建议你提前教，小孩每个年龄有他的成长规律，我们家孩子入学的时候年龄在班里算小的，所以他的成长还不到你逼着提前学习的阶段，太超前的学习，你以后会为这个后果买单的。"我虽然着急，但还是听话了。

结果，到了一年级，我傻眼了！几乎所有娃都上了幼小衔接提前学了加、减，只有我们家的"傻孩子"做加、减法还要脱掉袜子数脚趾！！一年级我不知道我是在多么焦虑、懊悔、崩溃中度过的，我总是想，为什么你们都是专业的却对自己的娃不上心呀！

我每次要去报辅导班，都被我老公制止了，我老公说："你相信咱妈，她是有道理的。"娃奶奶去世前和他闲聊的时候也叮嘱过，"孩子的学习，在低年级时候，顶多提前预习一个学期，不要超前，一定要尊重他的成长规律，保存他的后劲，三年级前用一半力气学习就可以了，没有任何长跑冠军在前一百米拼尽全力冲刺，如果你特别超前，你到后面一定会为你的鸡血买单，这个单是小孩来买，你到时候束手无策，切记"。

我数学一直不太好，没有发言权，我看他们都如此淡定，只好耐下性子等他们慢慢来，那种焦虑，一言难尽。到了二年级，果然如我老公预测的，小孩开始慢慢对数学、数字有了感觉，他总结说，这和小孩的心智发育是有关系的，我现在开始有了一点点信心。

 了解数学的特点，打地基不要打错位置

二年级我发现了一个奇怪的现象，大家都在学乘、除法和混合运算，我老公却盯着小孩的加减法，每天必须进行一百道两位数加减法练习。

71

我很着急，说这是一年级的内容，他都很熟悉了，你干什么浪费时间！他被我问得次数多了，就让孩子加减和乘除分别做了一百道练习题，我惊奇地发现：居然乘除法比加、减法的计算速度快了一倍！我说为什么他的乘除法会比加减法计算快呀？

爸爸说：你不了解数学，乘除法考验记忆力，加减法才考验数学思维，咱们孩子，他记忆力发育比数学思维超前，所以说，我不能放松对他数学思维基础的锻炼，并且，这个地基一旦打牢，才能为他以后运算复杂的混合运算和难题提供最牢靠的基础。

从那以后，我不再有疑问，他们父子俩无论去哪里，无论哪一天（包括元旦），一百道加减练习每天不中断，即使如此，孩子的加减混合运算依然没有达到他爸爸理想的速度。

我现在明白了，学习确实和孩子的发育规律有关，我需要给他时间，如果还没有学会走，我先让他学了跑步，他会暂时看起来领先，满足我的虚荣心，让我不焦虑，但是越往后，他盖起的楼越不稳，因为地基没有打牢。所有能通过超前学习看起来暂时领先以让我们的焦虑得到平复的行为，买单的都是小孩。

阅读，重点是精读

郭老师不止一次说过：考数学就是考语文。这句话我一直觉得很矛盾，后来郭老师详细写了一个例子，我明白了，很多时候，对于题目的理解力，是以后孩子解应用题的关键。

以前我们的阅读，会讲究量，要求小孩一学期看多少本书，我们家是我负责语文和阅读学习，我就开始思考，怎样进行有效阅读。我调整了一下阅读的方法，不要求量，要求质，每天陪伴孩子进行精读。

首先我发现孩子都有一个普遍特点，读书的时候不会一字一句读，比如一句话："孩子如果已经长大，就得告别妈妈，四海为家。"他会读成："孩子如果已经长大了，就要告别妈妈，四海为家。"不到二十个字的一句话里，加字和换字就有两处。

其实，这个缺点很多成年人也有，他爸爸说，他读的意思一样啊！你管他多个字少个字干什么！我说不一样，很多人从小的阅读习惯，和对这种随便扫一眼知道大概意思的阅读习惯的不以为然的态度，长期会产生很大的影响。这样的读书习惯持续下去，二百字的文章会出现加字、减字达十几二十处，很多东西产生的偏差越来越大，和别人表达的意思有着很大出入，不但考试做阅读理解会大面积丢分，做数学应用题也会受到影响，成年以后读合同、规则，更会犯错。

这就好像我自己在教学中，我写了一个食疗方：用艾叶 10 克，加 250 毫升水，大火烧开，打入一颗鸡蛋，加红糖 10 克，转小火煮 10 分钟起锅。有同学就来问："老师，我试过了很苦没办法吃。"我说："你怎么做的？"她说："按照老师您说的'大火烧开，打入一颗鸡蛋，转小火煮 10 分钟加入红糖起锅'"。我说请你按我写出来一字一句再仔细看看，是先加入红糖再煮 10 分钟，而不是煮 10 分钟加红糖，这完全是两个味道，为什么你读一个句子会偏差这么大？

后来我很关注这个问题，我发现大多数学生，尤其是学习成绩不太理想的学生，会有这个问题，比如有一次我说心包的位置。有学生忽然提问："老师，心包经在手臂上，不在胸口。"我有点崩溃，我说："同学，看好我写的字，我写的是心包，心脏表面覆盖的膜性囊，不是心包经！为什么你要读我写的字的时候擅自加上一个字？"这要是考试，正确答案由于读书习惯的问题会差十万八千里啊！这还是成年以后的学生，他们的习惯是和从小养成的读书习惯非常相关的。

从那以后，我每天和孩子一起读书，一字一句，有效阅读。一学期我们只读了一本《山海经》。为了避免读书少而限制知识面，在每次阅读课前，我会备课。比如我们读一个情节，关联到一首古诗，我会从这首诗入手，讲到当时那个朝代诗词的发展，引出同期诗人的故事，讲很多人的生平给他听。比如我们读山海经里的女娲造人的故事，我会先让他一字一句阅读，读完之后，让他告诉我意思，然后我再拓展。

比如我们拓展到补天的石头，会讲到《红楼梦》为什么又叫《石头记》，我们讲到造出来的人经过多少代的进化，会讲到人类的起源和发展，并且我告诉他一个有意思的现象是把婴儿抱起来走动婴儿就会不哭，是因为人类以前并没有固定居所的时候，由于奔跑速度不如野兽快，在迁徙过程中很容易被捕食，所以婴儿在移动的时候会不哭，一方面由于安全感，另一方面是由于我们基因里潜藏的过往，生存的需要。孩子的精读并没有影响他的知识面，而是在亲子互动中不断拓展，也在数学题目阅读中初见成效。

以上是我们总结的本学期的经验和心得，我们也很有信心，日复一日的坚持和陪伴，不输出焦虑去"绑架"老师、"绑架"孩子，给孩子时间，给我们自己信心，我们的小树苗会慢慢成长。"地不长无名之草，天不生无用之人"，每个孩子都有自己的特点和强项，各方面心智发育有先后，在焦虑时，我们首先要问问自己："你了解自己的孩子吗？"

 4 智慧父母是这样引导孩子喜欢学习的

前不久，南京市妇联的"宁姐137空中课堂"的负责人联系我，说计划推出几篇身边优秀的家庭教育故事，问我身边是否有这样值得推荐、值得学习的优秀家庭。我瞬间就想到了班级的一个优秀孩子，从最近一系列的亲子聊天内容中，我发现这是一个家庭氛围温馨和谐、亲子关系亲密友好，而且父母都是充满了大智慧的家庭，我觉得这家父母对于孩子的关心教育、陪伴引领方式值得推荐。

下面就是这位母亲为这次"宁姐137空中课堂"完成的"作业，让我们一起先睹为快吧——"

有效的亲子沟通可以增加孩子对学习和生活的积极情感体验。《全国家庭教育指导纲要》指出良性亲子沟通对孩子成长的重要性，班级老师也一再倡导要多和孩子平等、耐心地沟通。我们不断学习和反思，也将跟孩子间的交流点滴总结如下：

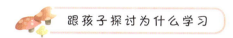

跟孩子探讨为什么学习

孩子生活中的大部分内容是和学习相关的，学习新的知识和技能。因此，我们会常和孩子探讨为什么学习。

有一次，孩子问："为什么要学习课外技能？"爸爸告诉他："学习最基础的目的是掌握生存技能，像小猫学习捕鼠、小鸟学习捕虫，你们学习认字、计算也是一样，有了这些技能，才能正常地生活。另外一部分技能是让生活可以更加丰富有趣。例如，学乐器可以交到很多同样喜欢音乐的朋友，甚至可以一起组乐队；学会打球，也可以认识更多喜欢运动的朋友。所以从某种程度上来说，学习的目的是可以更高质量玩耍。"听完，孩子欣然接受，学习的目的，不仅是学习本身，也是为了更好地生活和玩耍。

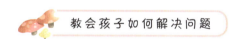

教会孩子如何解决问题

孩子在学习过程中，不可避免会遇到许多问题。此时，不能仅关注结果，而是帮助孩子一起去发现和解决问题。

有段时间，孩子做数学题时总出现一些粗心的毛病，导致成绩与他的期望相差较大，一度产生自我怀疑，尽管数学是他最喜欢和自信的学科。他说一直努力提醒自己细心，但并没有好的效果，还有同学嘲笑他"这次数学考得一塌糊涂"。

我能感受到孩子的沮丧，于是安慰他，学习中遇到问题是常有的事，学习的目的不仅是掌握新知识，如何发现和解决问题更为重要。同学说你这次考得不好，其实是对你数学成绩的肯定，他认为你可以做得更好！如果你实在不喜欢他这么说，你可以说出你的感受，或者干脆说"这不关你的事！"，不必用别人的评价来定义自己。

孩子并没有太多的学习经验，只能看到"粗心"的表象，无法分析"粗心"背后的真实原因。于是，我们一起分析原因，可能是计算基础不扎实，考试时计算量大、时间紧，一紧张就容易出错。我们一起制订计划，每天坚持计算练习，其他交由时间来检验。渐渐地，孩子也明白了"无他，惟手熟尔"的道理。所谓避免粗心，不是在考试时提醒自己细心，而是在平时提升熟练程度，养成"不出错"的习惯。

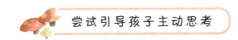

尝试引导孩子主动思考

沟通应该是"你一言，我一语"，只有"一方输出，另一方接受"的沟通方式是不平等的。我们对孩子的建议点到为止，不应说教和唠叨。有时候，还可以尝试将时间交给孩子，让孩子成为交流的主体。

近期我们班上发生了一件小事，两个好朋友因为一支水彩笔发生了一点小矛盾，事后老师让每位同学发表自己的看法，引导孩子主动思考，这种做法值得我们学习。

于是，我也尝试在亲子间遇到小矛盾时，找机会引导孩子思考，寻找解决方案。有一天，我们探讨人与人间的交流，我借机让他支招，"假如你是家长，会怎么与孩子沟通交流？"，孩子想了想，分别在"做了错事"和"作业拖拉"方面给出了建议。

如果是做错了事，要引导孩子"换位思考"，正所谓"己所不欲，勿施于人"；而对于作业拖拉，应一起制订作业清单，判断时间是否紧迫，并针对不同情形给了我不同的处理方案。此外，他还向我阐述了他对"劳逸结合"的理解。

我在感叹孩子"门儿清"的同时，也了解了孩子的诉求，更有了和孩子间的

"小约定"。有时候，一件事的沟通，不是一次交流就可以解决，要给孩子一些时间，激发孩子的内驱力。

最后，亲子沟通的关键，应该是父母同时参与。妈妈能给孩子充分的爱和包容，爸爸则教给孩子积极的人生观和向上的生活态度。沟通并不一定就是为了解决问题才有意义，也不一定非得改变什么，只是和亲近的人聊个天。放下过高期待，接纳孩子的情绪，鼓励孩子做自己问题的"解铃人"，相信孩子会越来越好！

亲爱的家长朋友们，看完这位母亲的总结，您有什么收获吗？您知道优秀的背后都有什么秘诀了吗？

5 原来，孩子的格局、视野和胸襟就是这样被你给打开的

一直都知道孩子的气质、性格、思想、行为等都是受到其抚养人影响的，但究竟父母们是怎么在生活中潜移默化地施加影响，指导并引领着孩子的呢？我一直也并不十分清楚其中的细节。自从上次的家长会上我建议父母每天和孩子聊一聊之后，我突然发现自己找到了这个问题的答案，原来答案就在父母与孩子在一起的每一个平平常常、点点滴滴的相处过程中。今天，就来为大家分享两段读来颇有感触的聊天内容。

女儿：爸爸，猜猜我今天校运会 100 米得了第几名？

爸爸：我猜前 5 名！

女儿：哈哈，猜错了，第 15 名，不过我很开心！

爸爸：啊？为什么啊？

女儿：第一，可以得到一个"草娃娃"（运动会吉祥物）；第二，还有奖状；

第三，为班级争得荣誉。你知道吗？我们班只有 3 个同学获奖呢！

　　爸爸：很好，你开心就好！在跑圈有一句名言"跑步就是跑步，过程就是目标"，你已经享受了跑步的过程，关于结果，不必太在意，你跑得再快，总有人比你更快；你今天跑得最快，并不能代表你明天还是最快的。

　　女儿：谢谢爸爸，我懂了，请我吃一根雪糕嘉奖一下吧？

　　爸爸：好的，绿豆糕冰棍！

　　看了这段对话，我不由得在心里暗自感慨，这个爸爸的高度真是不一般呀，从一个小小的跑步直接引导到了人生的境界啊。说句实话，跑步得到 15 名

的名次，在有些家庭可能就会受到揶揄甚至是羞辱，孩子从此以后又会如何对待跑步呢？可能会退缩，从此失去信心；可能会发愤，想要一雪前耻；可能会麻木，跑不跑都无所谓。试问：有这几种心态的人还能在跑步中获得成长吗？还能欣赏到跑步路上的美好风景吗？创造了 56 号教室奇迹的雷夫老师曾经说过："旅程比终点更加重要；考试并不重要，重要的是我们为考试所做的一切准备；最终的表演并不重要，而为表演所做的一切排练更加重要；请大家不要为终点而感到很介意，请大家一定要关注过程。"《瓦尔登湖》里有一句话，解读了为什么过程比结果重要，它说："当你实现你的梦想的时候，关键并不是你得到了什么，而是在追求的过程中，你变成了什么样的人。"一个孩子，如果能够从身边发生的每一件小事中，都能得到这样看似平常实则深刻的解读，相信他的视野、他的格局、他的思想一定要比同龄人开阔和深邃许多。这个孩子刚刚在全区的作文比赛中夺得一等奖的佳绩，祝贺好孩子，更赞叹好爸爸！

娃：今天我很生气，因为同学和我互批英语试卷，帮我批错了好几道题，明明我是对的，都被他批成错的了。

妈：这些批错的题，是不是全班同学的易错题呢？还是你同学他做错的题呀？

娃：应该是他自己做错的题，他平时的英语成绩并不好。

妈：难怪了，可能是小朋友自己也还没有搞清楚正确答案，或者他没有跟上老师的节奏，只要他不是故意给你批错，你就没有必要生气啊！并且你还可以和他探讨一下批错的那几道题目，这样你既可以证明你是正确的，又可以让同学纠正他的错误，一举两得，岂不很好！

这类事情在生活中真的很常见，别说是同学互批了，就算是老师们批改，也难免有批错的时候。面对被批错的情况，有的同学很理性，自己跟老师说明情况就好。有的同学很疑惑，自己错了吗？有的同学则很气愤，你为啥要把对的给批错？

遇到带有一定情绪的孩子时，这位母亲自身的行为实在令人感动，她引导着孩子从理解别人的角度去思考问题，对方给你批错，可能是他自己对这个问题没有理解，也可能是他没有跟上老师讲题的节奏，所以才会出现这样的情况，虽然是批错了，但对方并非是故意的，所以孩子你不必生气啊！

更加可贵的地方是，这位母亲并不是仅仅劝劝孩子就算了，她同时还给出了解决问题的方法——"你还可以和他探讨一下批错的那几道题目"。这样的做法不仅可以纠正批改错误，也使得自己的认知更加清晰，还能间接地帮助到他人，其实是一举三得啦！

弘一法师说："当你的修为越来越高时，就会开始真正理解周围的每一个人，没有好坏、没有对错。只是他们处在一个不同的能量频率中，显化出不同的状态，做了不同的选择，有了不同的语言和行为。明白了这一点，你就会生出真正的爱和慈悲，也就会允许、接纳、包容、善待以及真诚。"

喧嚣世界，凡夫俗子，又有多少人能达到这样的境界呢？所以我们才说，人与人之间，最难的是理解。

然而案例中的这位睿智的母亲，在面对孩子遇到困惑的时候，用自己的修养启迪并引领着孩子，发现并理解身边的人和发生的事都有存在的合理性，没有好坏、没有对错。

当我们试着教导孩子去理解、接纳、包容和善待时，不仅孩子的格局、眼界和心胸不断地在父母的潜移默化中逐步开阔，这个世界可能也会因此少了许多焦躁、烦恼、痛苦和不安，多了许多友善、温和、平静与安详。我想，这应该是每位父母都愿意给予孩子的最美好的人间吧。

6 亲爱的爸爸妈妈，您的这些行为会让孩子更加喜爱您

每次开家长会之前，我都会习惯性地问问孩子，你们有什么想跟爸爸妈妈说的话需要我转达的吗？你们有什么比较困难的事情需要我帮助解决的吗？感谢班级大部分家长的信任和支持，所以娃对我也有一定的信任度，因此很多孩子都非常坦诚地向我倾吐了心声。原本打算在家长会上一一呈现给他们的父母的，怎奈有十几个孩子却连连摆手，看样子非常不情愿，我知道这些家庭的亲子关系可能还没有到让娃感到非常舒服信赖的程度，所以决定尊重他们的意见，就暂时没有给父母们看。

虽然点对点的分享我没有进行，但是群体的状态我还是有些共性感受的，今天把孩子们对父母的赞美、感谢和认可分享在小屋里，也希望能够给更多的父母一些思考，您的这些行为是让孩子感到安全的、幸运的、快乐的，也是幸福的。期待更多的父母能够向他们学习，也能给孩子们更多、更好的生命体验。总体感觉这届父母很有爱，被爱过的孩子才能够拥有爱别人的能力，在孩子们想对父母说的话中，有很多都是充满了感激，充溢着温情，读来让人无比感动——

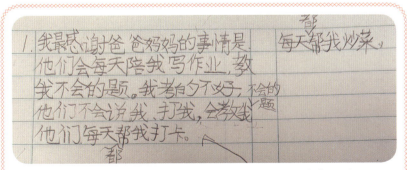

　　我最感谢爸爸妈妈的事情是：他们会每天陪着我写作业，教我不会做的题，我考得不好，他们不会说我、打我，会教我做不会的题目，每天帮我炒菜，帮我打卡。

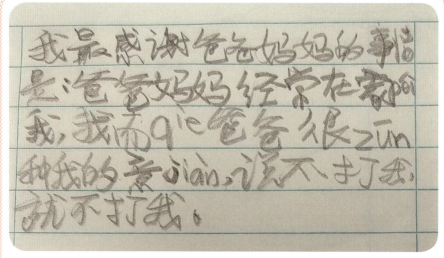

我最感谢爸爸妈妈的事情是：他们经常在家陪我，而且爸爸很尊重我的意见，说不打我，就不打我。

1、 我最感谢爸爸妈妈的事情是：
①爸爸妈妈都会温róu的根我说话。②在我要bāng zhù时，他们会来bāng zhù我。③在他们生病的时候都能给我做饭，④他们有会有很多nài心，来倍我。

我最感谢爸爸妈妈的事情是：①爸爸妈妈都会温柔地跟我说话。②在我（需）要帮助时，他们会来帮助我。③他们在生病的时候都能给我做饭。④他们会有很多耐心来陪我。

我最感谢爸爸妈妈的事情是：爸爸妈妈无论是在生病时，还是在很劳累时，都会给我买我想吃的东西，与需要的东西。他们给予我了生命，在这个世界上看到了美好的万物。他们十分有趣，gǎi变了我对爸爸妈妈的刻板看法。他们永远都在不断教育我。会在我伤心时安wèi我！

　　我最感谢爸爸妈妈的事情是：爸爸妈妈无论是在生病还是劳累时，都会给我买我想吃的东西和需要的东西。他们给予了我生命，让我在这个世界上看到了美好的万物。他们十分有趣，改变了我对爸爸妈妈的刻板看法。他们永远都在不断教育我，会在我伤心的时候安慰我！

1. 我最感喜父母的事.
　1、我出年错后她会 nài 心的 xiǎng
讲解。
　2、当我伤心日按妈妈会安 wèi 我她
会说"没关 xi，是因为我们没有多
练。下次务务练习。"
　3、她经常 tuō 地, pū 被子,
洗石碗。虽然很 lèi,但是文她还是天天
做家务劳云加。
　4、她喜欢听音乐,但是如
果在工作时她不会 听音乐打 rǎo
别人。
　5、她从不说 认何 zāng 语,
并且 对人很有善义,如:一天, guō 老
师有一点 流感,于是她 给了 guō guō 一
点药粉。

　　我最感谢父母的事：1.我出错后，她会耐心地对我讲解。
2.当我伤心时，妈妈会安慰我说："没关系，是因为我们没
有多练，下次多读练习。"3.她经常拖地，铺被子，洗碗。
虽然很累，但是她还是天天做家务劳动。4.她喜欢听音乐，
但是如果在工作时她不会听音乐打扰别人。5.她从不说任何
脏话，并且对人很善良，一天，郭老师有一点流感，于是她
给了郭老师一点药粉。

1、我最感谢爸爸妈妈的事情是：

①我生病的时候，妈妈总能及时带我去医院，回家后还会很好的关心我。

②当我有题目不会做时，妈妈及时的把我讲懂。有时她还会用积木乐高给我讲题目，我觉得这样很有趣，我也能听懂。

③当我再有题不会做时，她还会一遍一遍的给我讲，她不会xián麻烦，她总是说："没事，你不会做了，妈妈再给你讲。"

④妈妈每天都不会让我睡的太晚，她不想让我áo夜，这使我第二天上学时精神饱满，也让我有能量去听郭老师讲课。

　　我最感谢爸爸妈妈的事情是：①在我生病的时候，妈妈总能及时带我去医院，回家后还会很好地关心我。②当我有题目不会做时，妈妈及时地给我讲懂。有时候她还会用积木、乐高给我讲题目，我觉得这样很有趣，我也能听得懂。③当我再有题不会做时，她还会一遍一遍地给我讲，她不会嫌麻烦，她总是说："没事，你不会做了，妈妈再给你讲。"④妈妈每天都不会让我睡得太晚，她不想让我熬夜，这使我第二天上学时精神饱满，也让我有能量去听郭老师讲课。

> 1、我最感谢爸爸妈妈的事情是
> 他们每星期日下午都带我出去玩：园bó园、紫金山、大众书局
> 我考shì考的不好的时候会nài心的
> jiāo我；他们经常不加班，
> 一下bān就回家。我爸爸妈妈
> 经常带我去书店看书，我们是
> 大众书局的常客。——> 只是经常看得都xiàng记
> 了时间。

我最感谢爸爸妈妈的事情是：他们每个星期日下午都会带我出去玩，比如园博园、紫荆山、大众书局；我考试考得不好的时候会耐心地教我；他们经常不加班，一下班就回家；爸爸妈妈经常带我去书店看书，我们是大众书局的常客，只是经常看得都忘记了时间。

亲爱的爸爸妈妈们，看到娃们的心声，您心里有什么感觉吗？您的孩子正在长大，您平日里对家庭的付出和对孩子的关怀，点点滴滴都被娃看在眼里，记在心里。

不打人、不骂人和耐心教题的父母，娃们很感激；不加班、常回家和爱生活、尊重人的父母，娃们很喜爱……

7 你要相信她是一颗优秀的种子，她就会茁壮成长

这两天，在跟两个学校的六年级家长沟通之后，公众号后面收到了一些留言，都是对孩子目前状况不太满意、比较焦虑和着急的父母，看着各式各样的表述，我深深理解他们此刻的心情，但我更心疼的却是孩子，孩子一定是遭受了难以承受的痛苦和委屈、心酸和无奈，又没有获得应有的支持才会让父母变得如此不能忍受的。

想起之前接到的一封让我非常感动的信，我一来感动母亲的认真执着，二来感动父亲的从容淡定，三则感动他们夫妻相互支撑、携手同行的智慧，并为孩子有这样的父母而感到无比的庆幸。今天将这封信贴在小屋里，也期待给更多的父母以启迪，让更多的娃娃都能像她家宝贝一样，天天都能带着一脸灿烂的、无忧无虑的笑容快乐成长。

郭老师您好！前两天写完女儿的口算、跳绳过程后，有一些感悟，结合孩子入学以来我们全家的摸索，和您交流一下我的想法。您最近有一篇文章写到"你了解你的孩子吗？"，我先从我对女儿的了解说起。一次，外婆问女儿："你最爱的人是谁？"女儿给出了三个排序：妈妈，自己，爸爸。当我听到她把爱自己排在第二位时，我很震惊。原因如下：

一、我在成年后被问过同样的问题，我的答案中没有自己，而女儿在这个年纪就已经很清晰地意识到了"我"的重要。

二、孩子爱妈妈胜过爱自己。由此我感到了当妈的责任重大，更了解了女儿是一个有着清晰的自我意识的孩子。所以她从小就不是一个"顺从"的孩子，不讨好、不屈服，只能引导，强压必反抗。在她两岁多的时候，我和她爸就感受到了教育她的压力，于是我俩一起去上"正面管教"家长班，希望能带好这孩子。

知道到做到总有距离，当我对女儿疾言厉色时，娃爸会质问我：你学的正面管教呢？我开始意识到，教育孩子的根源在我身上，我的意识没有调整，再好的方法也想不到去用。因为意识的差异，我们家在跳绳这件事上的认识是有点分歧的。您写过一篇文章谈跳绳的坚持。读完后我深以为然，而爸爸的理解却更有弹性。一次女儿没跳够500个，到了晚上也没有跳的意思，爸爸认为无所谓，女儿跳绳有进步就好，何必执念于每天跳几个，今天不跳也罢。二比一，我选择"向他们靠拢"，没有逼女儿跳，但是心里极度憋屈，于是下楼暴走。

想到爸爸总是迁就小人儿，就我自己孤军奋战给小人儿提要求、定目标，身心俱疲，一肚子愤懑、委屈。看了这么多，学了这么多，自己还是个老师，可依然会控制不住情绪对女儿大吼大叫，挫败感淹没了我，眼泪不住地流……想不明白的事往往要等待时机才有改观。一次，我听到一个爸爸这么描述跳绳：我小时候跳绳就是因为喜欢，而现在我的孩子跳绳是为了达标，甚至我还要给他报跳绳班。我在想，跳绳的意义到底是什么？毫无疑问是可以锻炼身体，培养品质。那么是否一定要每天坚持，少跳一个都不行？我当初执念那么深到底是为女儿的成长考虑还是因为要按郭老师的话来执行？其实在我心里，更倾向于"听郭老师的话"。我的情绪源头还是在我的认知上。在梳理女儿的跳绳过程后，我发现不给她压力后，她的进步是自然而然的，甚至她在主动尝试进阶。于是我有一个感悟：孩子的自我成长是一种天然的力量和需求。就像一颗种子的萌发，只要环境适宜，它自有破土而出的力量与节奏。而我们如果要求种子你今天要发芽，今天要长高几厘米，真是一厢情愿又徒劳。我之所以整天想着标准，是因为我自身的焦虑以及对孩子的不信任。

相较于跳绳，女儿的口算曾经更让我焦虑。当她暂时落后的时候，我理解她的难，但我眼中的难只有草莓那么大，我以为女儿心中的难有西瓜那么大，而女儿真正的难可能是一座山那么大，不可逾越的难！所以最初我试图逼一逼：你认真一点读啊，你多读一遍啊，错太多了重来一遍吧……结果家里鸡飞狗跳的。那段时间真是不堪回首，不能打、不能骂，又没有好办法引导女儿好好配合。一次我崩溃地大哭，结果女儿安慰我："你向圣诞老人许愿吧。"唉，为娘的修行不易啊！反思我当时那么焦虑，一方面是因为女儿落后的现状，另一方面是怕女儿给您留下一个后进的印象。

现在想来，还是因为不了解您，低估了您对孩子的接纳程度。是您的耐心劝解缓解了我的焦虑。非常感谢您给我们新手家长的指导，让我们没有误入"鸡娃"的歧途。您说只要每天坚持，慢慢来，孩子就会有进步。果然您的话应验了，但这个过程比我想象得更长。于是我有了一个感悟：不要想象孩子能按你的时间表达到预期的目标，如果不符合自己的心理预期，就忍住不施加压力。目前女儿有一个"书写关"，因为写字的不熟练影响语文写作的表达，影响理解题意。所以我尝试和她一起写一句话日记，让她天天能练习心手一致。遇到她字不好看、标点不对、语句不通顺、拼音不对等情况，我都告诫自己不要太苛求，且先坚持下去，相信积累的力量。

用娃爸的话说："你要相信她是一颗优秀的种子，她就会茁壮成长的。"相信的力量是无穷的，正如孩子父亲所说的那样，在坚信孩子是颗优秀的种子的同时，我们俩用心陪伴、悉心关爱，孩子就会蓬勃生长。

今天，娃兴奋地告诉我，在刚刚进行的语文单元练习中，有一道题目全班只有她一个人做对了，看着娃自信的小脸庞，我暗暗为她感到欣慰——娃呀，你是遇到了多么懂你、爱你、相信你、守护你的好父母啊！

8　难怪娃越来越优秀，原来父母是这么做的

班里有个小娃，已经成为全班同学都首推和公认的小学霸——课堂上，每当遇到大家都觉得有难度的问题时，他总能不负期望给你一个完美的解释；练习中，无论题目出得偏难或者一般，他基本也都能给你一个无瑕疵的满分；讲故事时，我总喜欢在结尾加上一个期待，期待班上同学今后也能成为故事中的那些了不起的人物，每到这时候，同学们总喜欢把目光投向他，仿佛已经见到了他未来的模样……

那么，娃为何会有如此优秀的表现？我忍不住采访了孩子的母亲，想知道他们在陪伴孩子小学三年的历程中，究竟有着怎样的心态和做法呢？下面就是她的小结，一起来看看吧。

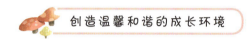

学习做不焦虑的父母

我们没有经过学习、没有经过考试，就迷迷糊糊地做了父母，我们对教育孩子的认知大多来自于我们小时候的亲身体验。然而，环境在变化，我们父辈的"大家长"式（我经历的）或者完全"放养"（娃爸经历的）的教育方式未必正确，而且已经不适合我们的孩子。

三年前，我们满怀忐忑陪孩子一起开启了小学生活。万幸，我们遇到了一群能够引领着我们学做新父母的好老师，学校通过家长会、家长讲坛、亲子游戏、亲子读书、微信公众号等方式，让我们能够和娃一起跟着学校、跟着老师一路从"小白"不断地学习、升级。

创造温馨和谐的成长环境

"儿童的恐惧通常来自身边成年人对他们的情绪化发泄、辱骂、责罚甚至是殴打，也有家庭成员之间的吵闹、打架等行为，这些行为会影响孩子的大脑发育，而温馨和谐的成长环境是大脑发育的最佳土壤。"这是教我们班的郭老师在公众号上发表过的一段话。

记得娃一年级的时候，郭老师会在班级里调查哪些小朋友在家被打了。郭老师曾经拍过两张照片，一张是没有被打的孩子灿烂的笑容，一张是被打过的孩子满脸阴云密布的神情。虽然过去了两年多，这两张照片对我的冲击至今深刻。

虽然当时我家娃只告诉老师，爸爸打他了，但是我清晰地知道我也动过手。一时间，小时候挨打的恐惧、对于娃保护我的感动、对娃的愧疚和自责……多种情绪涌上心头。孩子的爱如此无私，而我却在不知不觉间延续着曾经经历并痛恨的教育方式。

郭老师说，打孩子的家长是无能的，因为面对比你弱小的、暂时无法反抗你的孩子，只懂得使用拳头解决。后来，我和娃爸都在学习控制情绪，虽然对娃还偶有责备，但绝不会动手。如果郭老师再次调查，娃应该会是笑容灿烂的那一个。

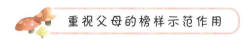
重视父母的榜样示范作用

结束了一天的工作回到家，我们只想躺在床上刷刷手机、看看剧，跟孩子说一声："去去去，写作业去，看书去。"这曾是我和娃爸的日常。

郭老师说，孩子正在看着我们的背影慢慢长大，我们想要孩子成为怎样的人，需要我们先成为那样的人。

比如，想要孩子爱上阅读，需要我们在家里拿起书；想要孩子懂礼貌有分寸，需要我们在家做好情绪管理；想要孩子信守承诺，我们对孩子承诺过的事情就要兑现。

于是，我们在娃面前放下手机、拿起书，或者仅仅坐在电脑前做做自己的事。我们惊喜地发现，娃也会放下玩具，自觉地坐在书桌前，安静地安排自己的学习，并不需要我们反复地催促。

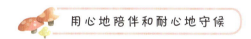
用心地陪伴和耐心地守候

要不要陪孩子写作业？陪到什么时候？对于这件事，在娃上小学前，我们确实是挺纠结的。郭老师明确地说："需要！今天的陪写作业是为了明天的自主自觉独立完成所有的工作和学习。"

因此只要我们在家，定会有一个人坐在孩子旁边。从一年级陪娃做口算、陪他读拼音，陪他一点点地适应小学生活，到现在娃已经不太需要我们对课内作业进行辅导。

但我们还是会坐在娃的旁边，彼此可以不说话，只是让娃觉得我们一直跟他在一起，他并不孤单。除了学习的陪伴，郭老师还在不断地鼓励我们陪娃读书、旅行、运动，付出时间和精力去伴娃成长。

当然还有很多很多其他的收获，比如要多与孩子共情、应多鼓励少打击、多放手少代劳、注重培养孩子的学习兴趣、坚持一项体育运动……

小学如何度过，是一个让很多家长焦虑头疼的事情。我觉得焦虑应是来源于对未知的恐惧。当我们不断地学习，明晰了对与错，了解了孩子的成长规律，心里就会笃定和坦然，从而减少焦虑。

跟着学校、跟着老师学做了三年小学家长，我的神经从紧张到松弛，更爱而且更知道如何去爱我的孩子。

9 父母的责任，是送一个有学习能力的孩子去上学

再次和幼儿园家长朋友聊起幼小衔接的那点事，说起班里的一些小娃，三年级了，很多地方依然受困，而受困的主要原因还是在于上学前的很多准备没有做好。

很多家长朋友觉得孩子上幼儿园特别轻松，一旦上到小学就感觉特别累，那你知道为什么会这样吗？原因就是你在幼儿园的时候没有完成幼儿园年龄段孩子各方面应有的发展，限制或者阻碍了孩子的成长，所以一到上小学，所有的问题都暴露出来了，你就感觉特别累，其实比你更累的是孩子。

在之前的中国教育三十人论坛第八届年会的"家庭教育论坛"中，来自不同领域的六位嘉宾分别分享他们的教育观点。其中徐智明老师的演讲我特别认同。

"双减"政策发布以来，有很多父母问："孩子学校作业少了，课外班也减少了，父母该做点儿什么，才能让孩子不掉队呢？"我回答他们："该做什么做什么。"

那么，该做什么呢？我认为，父母最该做的是为孩子赋能，送一个有学习能力的孩子去上学。从家庭教育的整体来看，父母的责任当然不止于此，但在和

学校教育相关的范围内,这是父母最核心的责任,"双减"之前就是,"双减"之后也仍然是。

相当长一段时间以来,很多父母对这个责任的认知、在这方面所做的努力是缺失的,但"双减"促使父母们不得不重新理解和承担这个责任。我个人认为,孩子学习的底层逻辑分两大块,学习能力决定学习成绩。

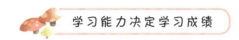

学习能力是一个学习者完成学习行为和过程,并取得预期效果的必备能力。它是一种综合能力,其中最关键的是知识储备、信息处理能力、思考能力和解决问题的能力。

具备足够强的学习能力,孩子才能胜任学业,取得理想的成绩。学习能力很强的孩子,会更善于自主学习,不需要像很多妈妈互相调侃的那样"费妈";学习能力较弱的孩子,会陷入心有余而力不足的困境,要么成绩不佳,要么需要依赖父母在家中辅导或校外补习,才能勉强维持不掉队。

说到这里,第二个课题就会自己冒出来,我们很多父母都并不能理解帮助孩子发展学习能力的责任为什么在父母而不在学校。他们会认为,送孩子去上学,不就是让他去学习的吗,不会学习,学校老师应该教会他。

学习一定要等人教吗?学习能力是上学之后才开始发展的吗?当然不是。

学习,是"导向持久性能力改变的过程",孩子一出生,就会开始学习,学习吃奶、吃饭、爬行、走路、说话,还会通过各种各样的探索,让自己的好奇心得到满足,虽然有些探索行动让大人抓狂,但它们本质上都是学习。学校学习,只是一个人一生中所有学习活动的一个阶段、一个部分,远非全部。

从出生就开始的学习活动,既帮助孩子发展对这个世界的认知,也帮助孩子发展学习能力。学习能力发展得如何,与孩子这些学习实践活动的品质密切相关。如果孩子缺乏自己实践、自己探索的机会,他的活动经常被父母限制,或者被父母替代，那么他就很难发展出足够的学习能力；如果孩子生活内容贫乏，缺乏足够的资源来支持他的探索和实践，比如缺乏玩具、接触不到书籍、和父母的互动很少，那么学习能力也很难得到有效发展。

孩子的学习能力，是在上学前、在家庭中、在父母有意识的支持下发展起来的，而且，学习能力的发展是个缓慢、渐进的过程，不会因为上了幼儿园、上了小学，或者年级升高，就突然来一个飞跃。我们很难期待一个学龄前阶段学习能力发展不足的孩子，上学后马上就变得特别会学习，这一点，恐怕老师和学校也都无能为力。很多孩子的成绩差距，或者叫"学术落差"，实际上是从一上学就开始了。

所以，孩子虽然是六岁才去上学，课业学习活动主要是在学校进行，但父母对孩子学习能力的关注却需要从一出生就开始，而且学习能力的发展会主要在家庭中完成。

我这么说，并不是责难一部分在"双减"之下已经倍感恐慌的家长朋友，只是想提醒，教育大变革的背景下，家庭教育的大变革已经迫在眉睫。我们需要重新定义自己在孩子学习上的角色和责任，尽快找到可行而且有效的方法，在家庭当中帮助孩子发展学习能力。

阅读能力决定学习能力

这个可行且有效的方法是什么呢？我个人认为，是培养孩子阅读，帮助孩子具备强大的阅读能力，进而具备强大的学习能力。

为什么说阅读能力决定学习能力呢？我的发现是，学习能力中的几个关键因素，包括知识储备、信息处理能力、思考能力和解决问题的能力，都来自阅读活动和围绕阅读活动发生的学习过程，具备强大阅读能力的孩子，可以说拥有一个自动化的灌溉系统，这个系统会自然地充足浇灌每一棵秧苗，也就是他要面对的那些学习项目。

目前，父母们对培养孩子阅读的关注程度已经很高，但我发现，很多孩子的阅读，存在两个明显的误区：一是不能自主阅读，二是过于偏重虚构类读物的阅读。这会造成一个很严重的后果，那就是很多孩子上学后，连课本和作业题都读不懂。这样的孩子，连基本的学校学习都无法胜任，何谈学习能力和学习成绩呢？这不是危言耸听，如果你和我一样，曾经和几千位父母当面或通过网络直接沟通过，就会发现，问题比想象得严重得多，也可怕得多。

　　培养孩子的学习能力，让他更胜任学校学习，是父母的责任。为了履行这个责任，父母需要重新认识关于孩子学习的底层逻辑，也就是学习能力决定学习成绩，理解帮助孩子发展学习能力的责任为什么在父母而不在学校，然后找到帮助孩子发展学习能力的路径，我认为这个途径是全学科自主阅读，而且培养孩子做全学科自主阅读，对绝大部分父母来说都能马上展开。

第五章
父亲的力量

1 父亲是男人最重要的工作

前两天，细心的语文老师发现，在孩子们的练习卷中，出现了许多妈妈的形象，但却没有一个爸爸的身影，这着实让人有些哭笑不得。一方面在感慨妈妈们怎么会都这么不辞辛劳地在发脾气，另一方面又非常想追问一句：爸爸们都去哪儿了？妈妈们的脾气和爸爸的缺位有关系吗？

研究中国教育多年的民进中央常务副主席、新教育实验发起人朱永新教授曾撰文写到《父亲是男人最重要的工作》，他说："每个成年男子都有不同的工作，但无论做什么，他最重要的工作之一就是做父亲。"这一点上，美国前总统奥巴马是这样做的——在第一次当选总统的时候，他说在竞选中有一件事情他很自豪，就是在长达 21 个月的选战中，他没有错过一次孩子的家长会。米歇尔也说，她做总统的丈夫，每晚都会和女儿一起吃晚餐，耐心地回答她们的问题，为她们在学校交朋友的事儿出谋划策，因为他知道自己不可能做一辈子的总统，却是孩子一生的父亲。世界卫生组织的一个研究发现，每天和父亲相处两个小时以上的孩子往往智商更高，男孩看上去更坚毅，女孩成人后更懂得如何与异性交往。

那么，估计又有父亲问了，我该怎么做好这项工作呢？我不会啊！班里的一位爸爸曾经对我说："没有不想自己孩子变好的家长，只有不知道如何去做才能促进孩子进步的父母。"那么，孩子们到底需要什么样的爸爸呢？其实，回忆一下自己小时候，可能很容易就找到答案，那就是——无论如何，都无条件地给予关爱！闯祸的时候——给孩子力量，为孩子担当。郑渊洁小学四年级时被学校勒令退学了，起因是一篇作文《早起的鸟儿有虫吃》，而他却写成了《早起的虫子被鸟吃》，受到老师责罚，不服气的他报复性地闯下更大的"祸"，因此被要求退学。他的父亲到学校领他回家，一路上既没有打他，也没有骂他，只说了一句话："学校不教，爸爸回家自己教。"于是，他的父亲就在家里为他办了私塾，直到将郑渊洁教大成人。"学校不教，爸爸回家自己教。"这句温和而有力量的话语给了年幼闯祸、心中忐忑不安的孩子怎样的安全感和信赖感啊，它会让孩子感觉重新有了希望，这样的孩子将有勇气去迎接未来的一切困难和挑战。郑渊洁后来所取得的杰出成就也证明了这一点。《不管教的勇气》中提到一个例子：学霸家长，都不是太介意孩子的学习成绩，因为他们没有体会过学习成绩不好的痛苦，这会让他们更能客观地看待孩子的成绩。而学习差的家长，只要孩子成绩不好，就触动了他内在曾经因为成绩不好而经历过的痛苦。

遇事的时候——教孩子做人，引导孩子善良。性格温和、品学兼优、从不惹事的孩子聪，上体育课时被一个"皮猴子"无意中用石块砸中了额头，血顺着脸颊流淌，衣领、肩袖上到处都是血迹，老师们看了都很心疼，恨不能把那闯祸的孩子抽上几巴掌，两个孩子也很紧张。闻讯赶来的聪爸带孩子去医院之前，特地嘱咐老师说："我们有公费医疗，我自己带去医院就行了，不用通知那孩子的家长了，别把孩子吓着了。"从医院回来时，他还买了两份小点心，一份给自己的孩子，另一份给了"肇事者"。他摸着那孩子的头温和地说："孩子，别害怕，叔叔知道你不是故意的，现在已经处理好了，没事了，下次玩的时候注意点就可以了。"我永远记得一旁的聪脸上真诚、宽厚的笑容，以及闯祸那孩子羞愧、紧张、恐惧最后又舒缓下来的眼神。皮亚杰说："人性贵于世间的任何规则。"这一刻，我看到的是聪爸人性的光辉。对于孩子而言，给予无条件的爱是促进他们健康成长的最佳方式。身为老

师，我被聪爸的从容、镇定、包容、大气所折服，我也终于明白了聪成绩优异、品行端正、人际交往极佳的真正原因。

玩耍的时候——启孩子智慧，助孩子成长。小梁的爸爸是个另类的爸爸，不仅不像别人家的爸爸那样阻止孩子打游戏，相反，还陪着儿子一起打游戏。当然，他不仅陪打游戏，也陪伴儿子下棋、打牌、做手工。但凡学校有活动，他一定积极报名参加，哪怕是请假，即使是做一些体力劳动也在所不惜。小梁爸爸这样陪伴，不仅陪出了和孩子共同的情感体验，也陪出了良好的亲子关系，更陪出了极其自律的行为准则，父亲用自己的行为既为孩子做出了榜样，也培养了孩子的契约精神，更教会了孩子解决问题的策略。父子两个一起动手做的地球仪，获得了学校的特等奖，相信在制作的过程中，孩子一定会潜移默化地受到父亲智慧的启迪从而变得更加睿智。小梁成绩优异，性格温良，生活愉悦，遇事有主见，爱思考、爱动手，应该也是意料之中的事情啦。

陪伴的时候——做孩子玩伴，当孩子挚友。在小杨家访问的时候，印象最深刻的就是孩子说爸爸陪自己玩时那抑制不住的快乐的笑容，娃妈说："看着娃爸陪孩子玩得那傻样，真是学不来。"爸爸陪着女儿打乒乓，陪着女儿跳绳、踢毽子，陪伴女儿在小区的院子里滑滑梯，女儿把东西藏在小区的花园里让爸爸去找，爸爸居然真的有耐心一一找到……除了陪玩，当然还有陪着一起去书店看书、一起温习功课……记得当时班里的同学都非常羡慕她，甚至有孩子说出"今后我如果离家出走了，一定要到你们家来……"这样的话。父亲温暖、慈爱的脸庞下是女儿安全感十足的幸福童年，而父亲的臂膀必然会撑起女儿一生的坚强和勇敢。因此，无论是学习还是做事，无论是游戏还是交友，小杨都表现出较强的自主性和稳定的自信心，各方面的发展也都达到了一个较高的水准，最后顺利考入理想大学也是情理之中的事情。值得一提的是，当班级里出现一些蛮横无理的人或事的时候，她从来都不会躲闪，更不会畏惧，总能勇敢且智慧地应对，也没有任何沉迷网络游戏的迹象，或者与男同学陷入情感纠葛的行为，我以为，这与其父亲良好的陪伴是分不开的。人们常说："父爱如海，深沉宽广；父爱如山，厚重无言。"父亲是一棵大树，一半青绿，为我们遮风挡雨；一半扎根在我们心里，今生今世是我们的依靠。白岩松曾经在一次演讲中深情地回忆自己的父亲在临终前的最后几个小时里，除了和亲人交代了几句身后事，便又和大人们忧心忡忡地谈论起国家的前途和命运，全然不顾自己的生命即将消失，这份无私忘我、心怀天下的胸襟和视野给年幼的他留下深刻的印象，也永远指引着他前行的方向。每到父亲节这一天，父亲们总会收到孩子的温馨的问候，在感动的同时，父亲们想没想过："我对得起孩子这份温馨的问候吗？"当然，作为家里的顶梁柱，父亲的确要忙生活、忙事业，但是，无论多么忙，请记住苏霍姆林斯基的忠告："无论您的工作或生产岗位多么重要、复杂或需要创造性，请您记住，家里还有一项更重要、更复杂、更细致的工作在等着您去做，这就是育人。您的工作可以找人替代，无论您从事的是什么职业——从畜牧场的看门人到领导，真正的父亲都是无可替代的！"

2 孩子习惯的培养在于有个诚信且坚持的爸爸

在之前的文章中，我提到过"让孩子从小坚持一项运动，是睿智父母给予孩子最重要的人生支柱！"今天就想给大家介绍一个带娃坚持运动了五百多天的家庭的故事。这是一个温顺乖巧、胆子较小的孩子，由于一些特别的原因，入学不久，娃就对上学感到害怕，经常感觉自己被人欺负，爸爸护犊心切，对班级同学甚至学校管理都曾经有过一些误会，认为学校存在"校园欺凌"现象。记得我当时在与父母的谈话中，提出的几条建议中有这样一条：与其紧张担忧孩子在学校是否会被人"欺负"，不如让爸爸从现在起，带着孩子一块儿锻炼身体，如果孩子能够身体强壮、动作敏捷，可能就完全不需要有这样的担心了。令我感动甚至可以说让我钦佩的事情就这样发生了，从那次谈话之后，我印象中只有一次孩子生病中断了几天，其他日子里，娃爸带着孩子风雨无阻地坚持了每一天，每天都会给我发运动视频，直到现在……

在这坚持跳绳和跑步的五百多天里，爸爸妈妈又会有怎样的体会和感悟呢？我们一起来看看吧。

老师的鼓励至关重要

小学刚开始的时候，按照学校要求，孩子便开始学习跳绳。但那时候他经常是三天打鱼，两天晒网，并且跳绳的时候也总是漫不经心，速度不快，还总是间断。后来，在郭老师的鼓励下，孩子的态度明显发生了变化，跳绳的热情和积极性变得越来越高。他经常是主动拿起绳子就去楼下跳绳了，跳得好的时候，还总是问："今天的视频给郭老师发过去了吗？郭老师夸奖我了吗？"每当看到郭老师回复鼓励的话语和竖起的大拇指，他总是能咧开嘴笑。孩子的坚持，离不开郭老师的关心和鼓励，离不开郭老师的关注和监督。

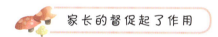
家长的督促起了作用

孩子跳绳习惯的培养在于有个诚信且坚持的爸爸。爸爸答应了老师要陪着孩子锻炼，哪怕刮大风下大雨，都会坚持打卡。现在，孩子基本上已经能自觉坚持每天跳绳和跑步，但是有时候比较累或者是有其他开心的游戏玩的时候，也会想偷偷懒。这个时候，爸爸妈妈就上场了，及时督促他不要间断。天气好又不太热的时候，基本都让他放学之后就出去锻炼；最近天气比较热，就在吃完晚饭后，陪他一起去练习；即便是到了晚上9点、10点钟，如果今天的任务还没有达标，也会督促孩子抓紧时间下去跑跑步、跳跳绳。有时候爸爸妈妈出差在外，孩子也会带着外婆一起跳绳和跑步。对于少年期的男孩，爸爸的参与和陪伴不可或缺，孩子有时候跟爸爸玩尽兴了，会忍不住跟妈妈分享："瞧，我说的吧，跟爸爸玩真的有很多乐趣。"

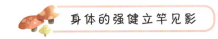 自我的认同锦上添花

每当他一分钟跳绳超过 200 次，抑或是连续几百次不间断，又或是连续双飞达到了 30 次，孩子总会兴奋得蹦蹦跳跳，成功的喜悦藏都藏不住。这种成功，或者说是自我突破，给他带来的兴奋，与给他买个玩具的开心相比是截然不同的。由于长时间的坚持跑步和跳绳锻炼，孩子获得了多个跳绳坚持奖杯，每当上台领奖的时候，他总是感到无比自豪，甚至奖杯拿回家也一直不离手。我想，这就是奖励让他产生的自我认同感和自豪感起了作用。当他坚持做这件事情，并且得到了相应的鼓励和奖励，自然会有继续坚持下去的勇气和干劲。

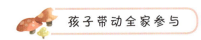 身体的强健立竿见影

坚持五百多天的跳绳和跑步，孩子对运动逐渐产生了浓厚的兴趣，例如开始尝试击剑、棒球、游泳、羽毛球等。随着各种运动量的增加，孩子的身体素质也明显得到了提高，生病的次数越来越少，严重程度也越来越低，近一年来，更是基本没有去过医院（检查视力除外）。说到视力，运动对于视力的改善也是大有帮助。从幼儿园起，孩子就检查出来眼睛有点散光，医生的建议就是要么戴眼镜，要么加强户外运动。现在孩子已经习惯每天在外面玩耍和运动，视力问题也得到了很大的改善。

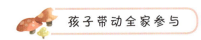 孩子带动全家参与

在孩子的带动下，全家都加入了运动大军的行列。原本不爱运动、肚子鼓鼓的爸爸开始练习跑步、游泳和乒乓球，妈妈也开始学习瑜伽和羽毛球，工作之余的生活远离了手机，好不热闹。爸爸下班后总要在单位打一小时乒乓球才回家吃饭，有时候吃完饭又去了；爱睡午觉的妈妈也开始减少睡觉时间，利用午休时

间到单位的健身房进行锻炼。周末的时候，全家还会一起骑着自行车去绿博园、去江心洲，边运动边领略自然美景；或者是到中山陵、到崂山，来一场酣畅淋漓的登山竞赛，全家热爱运动的氛围已经初步形成。今后，无论是跳绳还是跑步，运动都会成为长期陪伴孩子的好习惯。最近在练习棒球，孩子想争取三年级能进入棒球校队，他热爱团体运动，也能很快适应一门新的运动，这是长期运动带来的正向反馈。娃正逐渐成长为一名有主见、有计划、有热爱的小小少年！

看完了娃爸妈的总结，我心中真是满满的感动，为娃有这样深爱他且能够坚持陪伴的父亲而庆幸，为这个如此有恒心、有毅力的父亲喝彩！有这样的一位父亲陪伴在身边，是一件多么幸运的事情啊！从一个视力散光、身体素质一般的幼儿变成一个视力得到改善、一年不去医院的健壮孩子，从一个三天打鱼、两天晒网的小娃变成一名热爱运动、坚定勇敢的学生，从一名胆小懦弱的稚童成长为一名有主见、有热爱的少年。我以为，促成这种变化的最核心的力量来自其父母的坚持与陪伴！正如母亲所言——孩子跳绳习惯的培养在于有个诚信且坚持的爸爸。那么现在，亲爱的各位家长朋友，你有想过在未来的日子里，带着孩子开始运动吗？您愿意陪伴着孩子一起坚持吗？

3 爸爸能陪娃聊天的本就不多，还聊得这么有水平的就更是凤毛麟角了

有一位出色的中学校长，同时也是一位孩子的母亲，她是这样说的——

反思：三年级以前，我完全能做到以上聊天，且很有耐心。之后不行，懒惰了许多，急躁了许多，有一次我猛然发现，我有半年没和娃好好聊天，深感羞愧。

现在（娃已经上中学了）我一有机会就接女儿回家，周末几乎全程接送女儿上下课外班，都只是为了和她聊会儿天。

有两个注意点：聊天不是说教，不会聊或者意识到要说教的时候，就闭嘴。我的结论是娃整体发展不错的很大原因是十岁以前聊天聊得好。

我确实基本散养，但合适的点，一定会聊天。郭老师您这篇文章说出了很重要的教育契机和儿童观问题。

还有一位网友"双双"是这么说的——

郭老师好！自从前段时间关注了你的公众号后，我也开始写日记了！

我有两个孩子，儿子初一，女儿四年级。到今天为止写了25篇了，日记的内容基本上是我和他们俩的聊天内容或者是一起经历的一些事情。我也把写日记的事告诉他们了，并且告诉他们这日记写的大部分内容都是关于他们的，可以拿去看看！

我觉得写了日记后自己的心态变得平和了很多！会经常反思自己！现在我女儿每天睡觉前还会提醒我写日记，她学习上确实也比以前自律了。

以上两位朋友的留言，其实也进一步验证了中国人民公安大学李玫瑾教授所说——未成年人是被动的弱者，这决定着"他的行为是由身边的成年人所造就"。

其实孩子许多的观念和行为，均来自于父母平时点点滴滴的言谈举止。所以，为人父母者，真的要明白这个道理，您的一言一行对于孩子的成长来说至关重要，您责任重大啊！

在昨天的留言中，我们还看到这样一条引发大家共鸣的留言——为什么都没有爸爸的身影？

我想，虽然爸爸缺位的家庭有很多，但肯定也有爱孩子的父亲在用心陪伴、呵护着孩子的成长。那么今天，我们就一起来看看一位优秀的父亲是怎么和娃聊天的吧——

儿子：爸爸，人为什么要学那么多课外技能？例如游泳这些，游得快有什么意义呢？

父亲：学习最基础的目的就是掌握生存技能，像小猫学习捕鼠，小鸟学习捕虫，你们学习认字、计算也是一样，有了这些能力，才能正常地生活。另外一部分技能的学习其实是为了让你今后的生活可以更加丰富有趣。例如学会乐器，你可以交到很多同样喜欢音乐的朋友，甚至可以一起组乐队；学会打球，你也可以认识更多喜欢运动的朋友。所以从某种程度上来说，学习的目的是可以更高质量地玩耍。

儿子：爸爸，那为什么要看比赛呢？

父亲：比赛其实也是一种规则性游戏，例如足球比赛，有了看谁进球多这个规则才可以让踢球这场游戏更有序，也更有趣。另外，比赛也能牵引大家进一步学习，让自己做得更好。

人的本性都希望进步，你看你长高一厘米是不是就挺开心？学到一个新知识是不是很开心？如果你每天都能学习到一个新知识，你会发现自己越来越优秀，渐渐地，你会发现学习本身就能给人带来很大的乐趣！

在这次对话中，父亲用儿子喜闻乐见的例子，不着痕迹、巧妙地把学习的目的和学习的乐趣悄悄播种进了孩子的心田，实在是太高明了。

在另一次父子聊天中，面对儿子对于即将到来的运动会项目的不够自信，父亲又是怎样引导的呢？

儿子：我觉得自己应该得不到好的名次。

父亲：爸爸第一次参加运动会的时候和你一样，也没有很强的信心。其实那是因为对自己对手的未知，总觉得别人肯定比自己强。我们理性地想一想，既然你能参加跑步比赛，就说明你在班级里已经是很优秀的了，那么放到别的班级应该也不会变差。最主要的还是做好自己，发挥出自己的水平，竞技比赛往往看的是谁能顶住压力，充分发挥。

儿子：比赛有什么技巧吗？

父亲：100米跑步分起跑、加速跑、途中跑、冲刺跑，保持好跑步节奏，比赛时不用管别人，全神贯注，拼尽全力。

儿子：知道了，你觉得我可以吗？

父亲：我觉得你已经非常棒了，上次运动会你就取得了丢沙包第一名，爸爸田径比赛最好成绩才第二名，你已经超过我了。不管成绩如何，重在享受过程，拼搏过就会留下美好的回忆。

看完这段父子聊天记录，你有怎样的感受呢？如果是你来面对孩子的问题，又会给出怎样的回答呢？

这位父亲不仅田径成绩好、心态平，而且三观正、有格局，最重要的是还特别有耐心、特别会聊天。人生中遇上这样的父亲，怎么能说不是一种运气呢？这样家庭里的孩子又怎么可能不优秀呢？

我们都知道，父爱和母爱同等重要，是互补而非互替的。但可惜的是，很多父亲并不明白这个道理，他们以为只要多赚钱，给孩子提供更好的物质条件就行了。

世界卫生组织曾经发布过一个研究报告，报告里说："父亲每天陪伴孩子2个小时以上，将会得到高额回报"。

4　爸爸带娃的视野和妈妈就是不一样

有人说，如果母亲是把孩子带到这个世界的人，那么父亲则是带领孩子走向世界的人。心理学家研究发现，与父亲经常待在一起的儿童对环境表现出更好的适应性功能，出现问题行为的情况也更少。

最近，在看了几篇父亲和娃的聊天记录（有的是父亲的育儿心得）后，更加深刻地感受到，父亲和母亲对孩子的教育风格确实存在着很大的不同，母亲的温柔细腻有利于培养孩子的亲密性和安全感，而父亲的视野格局更容易培养孩子独立、坚强、勇敢、自信的品质。

爸爸：今天什么事情给你留下的印象最深刻？

（接上图）

> 女儿：今天印象最深刻的事情是和爸爸一起去青奥体育馆观看了南京城市队对黑龙江冰城队的足球比赛。
>
> 爸爸：观看比赛过程中有哪些场景最难忘？
>
> 女儿：我记得的第一点是，场上的球员经常在对抗过程中因为很激烈而受伤，但他们在稍微休息一下后，就忍着伤痛继续比赛，他们真是太勇敢、太拼搏了！其次，在南京城市队获得一次点球的机会时，没有踢进去，他们并没有失去信心，而是继续进攻，终于获得胜利。从这场比赛中，我领悟到，做任何事情，只要有信心，只要坚持不懈，就终会有收获。

由于一些原因，女儿平时都是生活在女性堆里的，相对比较感性，也比较脆弱，遇到事情缺乏安全感，经常会因为焦虑而难以控制情绪。今天，爸爸带着孩子一起来看足球比赛，平时，这样激烈紧张的场面可能会让女儿感到害怕，但是今天，因为有爸爸在身旁，女儿不仅没有害怕，相反表现出了勇敢、拼搏和坚持不懈。我想，这应该就是爸爸陪伴的重要意义吧！

心理学家研究表明，爸爸陪的孩子在某种程度上更自律、更自控。因为爸爸的陪伴，可以让孩子学会明辨是非对错，更有责任心，在面对诱惑的时候，具有更多的自控意识与自律行为。

正如心理学家格尔迪说："父亲是一种独特的存在，对培养孩子有一种特别的力量。"真心期盼娃的爸爸能够多多陪伴孩子，让娃的心里永远能够像今天一样有坚实的依靠。

在生活中，别说小孩子了，就连大人可能也是喜欢热闹的比赛而讨厌单调乏味的体能和基本功训练，故而孩子说出下面的心里话实在是太平常的事情了。但是对话中的这个父亲，在孩子这个念头刚刚冒芽的时候，就能一针见血地给孩子说明问题的核心所在，在让孩子明白了体能训练和比赛之间的关系之后，更是让孩子知道了正确做法是什么。相信在未来的人生之旅中，孩子会遵照父亲的教诲，踏踏实实做人做事的。

儿子：我不想周三参加羽毛球训练了。

爸爸：为什么？你不是很喜欢打羽毛球吗？

儿子：我喜欢打比赛打球，但不喜欢周三的体能训练，教练让我们一圈圈跑步，累死了。

爸爸：体能训练是羽毛球训练的重要部分，如果你的体能不够，一场比赛只能发挥一半水平，那比赛结果还是输。我希望你能认真对待体能训练，跑步虽然枯燥，但对比赛是基础，也是关键！

儿子：好的，那周三就坚持去训练吧。

（接上图）

> 最近听了深圳市原市长李子彬关于如何帮助企业发展的讲座，颇有感触。企业其实就相当于一个城市的孩子，在发展的过程中，有遇到困难的时候，也有出现违规的时候。一个用心的市长常常是把自己定位成服务型的，少说教、少强压，多去帮助解决具体问题，多做调控，包容企业的个性化发展。
>
> 我们家长对孩子也应当有类似的定位和意识，少一些管教、多一些帮助，在孩子大方向上适当引导调控，剩下的交给孩子自由发展，这样才更有利于孩子成长为有自我个性和特点的个体。

这是一个善于学习、善于思考的父亲，他每日与孩子的聊天给我留下的印象就是，他的视野、格局都极其开阔，聊天内容足以显示他深厚的学识，而且他对"父亲"这个工作也是极其上心的，你看就连听到深圳市市长的讲座，也能联想到养育孩子上，可见育儿这件事情已经深入他心，见过太多父爱缺位家庭的我暗自感叹，这个娃是多么幸运，遇上了这样的好父亲。

各位亲爱的家长朋友，有研究发现，男孩如果没有父亲的陪伴可能会出现更偏女性化的表现，影响性别认同，而对于女孩来说，如果幼年时期缺少爸爸的陪伴，可能会更加胆小，今后与异性相处时更容易焦虑。

事实上，越来越多的研究表明，父亲的陪伴对于孩子成长的重要性远远超过我们的想象。那么，亲爱的父亲们，你愿意像上面的几位父亲一样，用心地陪伴着亲爱的孩子成长吗？

第六章
给家长的话

1　当你做好了这件事，养孩子也许就会变得很轻松

前不久，看到网上有这样一篇文章，标题是《自从把小孩当植物养，整个人豁然开朗……》，说实话，我是非常认同这个观点的，因为几十年的人生经历让我确实有这样的感觉——会养花的家庭好像也很会养孩子。

转念一想：真的是这样吗？这其中会不会是巧合呢？经过仔细琢磨，我还真发现这二者之间竟然有着不少相通之处呢，不信？我们一起来对照一下吧。

了解顺应习性

花匠说："想要将花养得更好，要对它的生长习性有所了解，比如温度、水分、施肥、光照等。遵循它的生长习性，进行针对性的细心养护。若不喜光的花卉就要放在半阴处，喜光的就要放在阳光下养。"

教育孩子呢？苏霍姆林斯基说："教育的首要任务就是了解孩子，而了解孩子，就需要不断地观察、研究，不了解孩子，不深刻注意到发生在他们内心深处的复杂

活动，我们的教育就是盲目，因此也是没有意义的。"

无论是父母还是老师，如果除了学科成绩之外，对这个孩子一无所知——

他的脸上为什么总是没有笑容？他看见老师为什么总是躲着走？为什么一下课他就没有影儿了？为什么他的眼睛里面总有忧伤？

他的梦想是什么？他最爱的歌曲是哪一首？他最拿手的项目是什么？他最恐惧的又是什么事？他最希望你知道的事情是哪桩？

为什么他一拿笔就要咬手指？为什么他一开始上课就要上厕所？为什么他这段时间突然先写数学作业了？为什么他磨磨唧唧宁可帮你干活也不愿意去碰那个在你看来很简单的作业？

如果对于这些你从来都不去关心也不想了解，那么你又如何能去顺应孩子的天性，提供他所需要的成长条件呢？因为不了解，你便只会按照自己的喜好和自以为孩子需要的条件来满足他，结果可能会大相径庭。

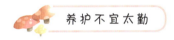

养护不宜太勤

花农说："很多人养不好花，可能是因为浇水太多了。在养护的时候不要浇水太频繁，土壤干透后再浇就行，并且水量不要太大，花盆中不能有积水。"

养护太勤体现在养育孩子的问题上就是关注过度。现代家庭中，孩子常常成为家庭的焦点，家庭中的所有人都把关注的目光投射到他的身上，孩子在各种期待中逐渐迷失了自我，成了一个为他人期待而生存的人，这样也会造成孩子的无所适从，导致各种各样状况的出现。

也有孩子因为备受身边的人瞩目，自己想要的都能够被满足，就总觉得这个世界就应该听自己的，要是不听自己的，就开始又吵又闹，导致父母、教师不得安宁等。

随着年龄的增长，随着受到的否定和批评增多，一直备受关注的孩子可能越来越不能适应社会性活动，就有可能走向另外一个极端，对一切漠然或回避。

这就需要父母或者老师明白问题的核心在哪里，需要适当减少对孩子的关注，给他空间，让他独立，哪怕是在成长中感到失望、挣扎，甚至失败。如果永远不允许孩子尝试，他们将永远无法起身。只有学会适时离开，孩子才能建立自信，自力更生。

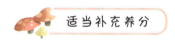

适当补充养分

《花经》说："养花的时候要适当施肥，它生长和开花都是需要肥料维持的，如果没有足够的营养支持，可能会出现长势不好的情况。使用的肥料不可以过浓，尽可能遵循薄肥勤施的原则。"

那么孩子呢？孩子的智力发展需要什么养分？孩子的身体成长又需要什么养分？孩子的心理发育还需要什么养分呢？回到第一条，如果我们都不了解，又怎么可能准确提供呢？这就需要不论是教师还是父母不断去学习和探寻的——

孩子的智力和三岁前听到的语言多寡有关，这个时候，孩子最需要的营养就是父母的"多话"；

想增强孩子的记忆力，不是靠死记硬背或恐吓，而是了解大脑的运作，用正确的方法学习，此刻孩子最需要的营养是正向的情绪；

孩子只有在自由的生长空间尽情探索，他们的智慧才能充分地发挥出来，这时候孩子最需要的营养就是少说"不"（减少干预）和弱化标准答案；

每个人都是独一无二的，每个人都有自己特有的禀赋，只要放对了地方，都可以成就幸福人生，在找寻的过程中，孩子最需要的营养是父母的信心；

孩子的成长需要耐性，要等他大脑成熟，才可能水到渠成，这时候孩子最需要的营养就是"顺其自然"……

综上，我们可以发现：

能够把花儿养好的家庭，遇到困难的时候，一定是向内寻找原因——究竟是自己哪里没有做好，花儿才不能如期绽放？绝不会对着花儿说："你这朵'笨花''差花'，跟你说过八百遍了，你还是不开⋯⋯"

能够把花儿养好的家庭，一定是精耕细作的家庭，勤劳、踏实，有耐心、有责任心，恪守自己的职责，做好自己的事情⋯⋯

能够把花儿养好的家庭，一定是能够遵循花儿的生长规律的，像遵循花儿的生长规律一样遵循孩子的成长规律，重视基础、关注根基，悉心守候，坚持不懈，孩子又怎么会不茁壮成长呢？

叶圣陶先生说："教育是农业而不是工业。"农业讲究的是天时地利人和，它是一个循序渐进的过程，需要精耕细作，禾苗不长的时候，我们不能"拔苗助长"，所以，教育急不得。

2　家长和老师越配合，教育就会越成功

曾经有学者在讲书的时候，说到过这样一个案例：

有一个牌子的医疗仪器，从笔记本型更新到了掌上型，公司要力推的是掌上型。可是在跟着销售人员拜访客户的时候，总裁发现无论怎么暗示明示销售人员让他们推荐掌上型，可他们就像没有看见一样，还是在一个劲儿地讲笔记本型。总裁很生气地问为什么这样？结果一调查发现，这些销售人员的收入全都来自于笔记本型，人家当然不理睬你。也就是说，你的战略层面和你的执行层面不匹配，执行层面根本没有给到他相应的支持，这个就叫作错位激励。

这个案例用在带孩子上也是一样，我们很多家长朋友倾注了很多心血来带孩子，可是效果却不明显，是不是也可以问问自己，你的执行层面有没有给到孩子应有的支持呢？要想回答这个问题，可能首先要知道孩子成长都需要哪些基本

的支持。

三个基本支持之一：促进大脑发育的成长环境。大家都希望自己的孩子是聪明伶俐的，但是您知道一个孩子的智力发展需要什么支持？跟什么相关吗？是跟他在婴儿时期所接收到的词汇量相关，《父母的语言》中告诉我们：幼年时促使大脑建立神经连接的条件是语言。这说明，父母的经济条件和社会地位并不影响孩子的大脑发育，而父母与孩子交谈中使用的语言和词汇量的多少才是最为关键的影响因素。还有就是丰富多彩的自然环境，可以带给大脑足够的刺激，促进其产生出丰富的神经连接，而当神经足够发达的时候，学习、创造都应该是水到渠成的事情。

然而我们见过很多这样的家庭，把孩子扔给老人或者保姆，老人、保姆没有那么多精力跟孩子讲话，带孩子去户外玩耍，孩子的大脑连接就会少很多，就可能会引起发育迟缓或者情感迟滞，所以，父母最应该投资时间和精力的地方是家庭，是自己的孩子。除了丰富多彩的自然环境和数量众多的词汇刺激之外，孩子的大脑发育还特别需要一个温馨和谐的人文环境。心理学家告诉我们：强大的压力会永久性地改变孩子的大脑结构，影响这些孩子以后的学习和记忆。所以，能够遇到一个温和而坚定的母亲或者老师，对于小孩子来说是最大的福气。因为儿童的智力发育关键在于他的脑神经发育，小孩子大脑发育最需要的是自由安全的成长空间和丰富多彩的生长环境。

生活中我们还有可能看到这样的场景 —— 妈妈看到孩子写的字歪歪扭扭，笔画不流畅，帮他擦掉之后让孩子重写。写得不好再擦掉，擦掉后又重写，来来回回好几次，孩子一边流眼泪一边写。爸爸看到了，当着孩子的面对妈妈说："你那么严格干什么？写得不好等长大一点自然会好一点的，哭还让他写，不写了不写了……"说完拉着孩子的手走出了书房。这样的家庭教养方式会给孩子带来什么呢？见到妈妈老实乖巧，见到爸爸自由奔放，遇到妈妈辅导作业就心情压抑，想办法拖延躲避，遇到爸爸辅导虽心情愉悦，但行为可能会敷衍随便。导致这种现象产生的根本原因就是因为外界的评价标准、行为要求不一致，让孩子对正确的价值观念和行为准则产生混乱，从而引发孩子的两面性。家庭成员间的不一致，学校成员间的不一致，家校之间的不一致，都有可能产生上述的后果。著名教育家苏霍姆林斯基曾经说过："教育的效果取决于学校教育和家庭教育的一致性，如果没有这种一致性，学校的教学、教育就会像纸做的房子一样倒塌下来。"

三个基本支持之二：遵循科学规律的育儿方式。有人说，不懂孩子的成长规律，不了解儿童到成年以后的各个发展阶段的重要变化和特征，你养孩子就像是在"撞大运"。在孩子成长中，我认为目前最需要广为宣传的有两件事情——睡眠和运动。在"天才少女"谷爱凌的母亲介绍的育儿秘籍中，最吸引我的是这样的一段话："我就是让她必须睡足够的觉，小时候睡 15 个小时，上小学后睡 13 个小时，现在（18 岁）每天也要睡 10 个小时，睡不够哪有精力玩儿？"

为什么要保证睡眠，是因为人只有在睡觉的时候，才能高效清除大脑里的代谢废物，让大脑恢复活力。一旦睡眠不足，脑内垃圾不能完全清除，就会积累到第二天，就会加重大脑的负担，降低它的运转能量，就会出现注意力不能集中、无法思考等症状。只有给孩子足够的睡眠时间，才能保证孩子在学习和玩耍时能够有足够的专注力和思考力。除了要有足够的睡眠时间，还要有足量的运动时间，这又是为什么呢？原来我们在运动时会产生多巴胺、血清素和正肾上腺素，而这三种神经传导物质都和学习有关，它可以有效地促进大脑功能的整合，用最自然的方式去提升体能与学习效果。

多巴胺是种正向的情绪物质，运动完的人心情都愉快，打完球的孩子精神都亢奋，性格都很好；血清素跟我们的情绪和记忆有直接的关系，血清素增加，记忆力变好，学习的效果也更好；正肾上腺素跟注意力有直接的关系，可以使孩子的专注力增强。还有诸如一年级时的不太会逆向思考，三年级左右时的"狗都嫌"，五、六年级时的叛逆性等问题，这些根据儿童认知发展理论来看，其实都是非常正常的事情。我们要做的首先就是明白规律，理解孩子，明白哪些是不需要着急，不需要指责，只要耐心陪伴就能尽快度过的，哪些是需要全家人同心协力给予帮助和支持的。而要想真正做到遵循规律来育儿，则可能需要咱们的家长朋友不断学习，不断思考，跟着孩子一起成长才有可能实现。

三个基本支持之三：基于家族基因的个性培养。北京师范大学的陈会昌教授曾经在他的书中这样说道："如果我国广大的父母了解了最近几十年的遗传学的研究成果，他们就会调整自己对子女的期望；如果广大教师了解了这些知识，他们也会调整对具有不同遗传基因的学生的看法，不再生硬地对全班学生做横向比较。因为，每个人的基因表达都有自己的时间表，在时机不到的时候不可强求。这点可以用长个来说明，后长个的不一定不高，而先长个的也未必一定是高个头。"

还有，每个人由基因决定的最大限度能力有巨大差异，通过"努力""刻苦""找个好老师"等主观行动对基因缺陷的弥补作用是有限的。比如一个人五音不全，你非要给他请个好老师，让他刻苦练习声乐，结果可能会比之前好一些，但不太可能成为一名出色的歌唱家。教育的实质应该是帮助孩子发展，即你有什么样的才能，需要什么样的养料，教育便给你提供什么。你是乔木则长成最好的乔木，你是小草则长成最好的小草，总之是让你做一个最好的你。

孩子来自家族遗传的优势基因究竟是什么，相信家长应该比老师更为清楚，这就需要家长能够在尊重孩子的基础上，帮助孩子做出一个理性正确的选择，支持孩子的个性发展。我曾经教过一个非常聪明机敏的孩子，我认为她的数学天分不低，因此在小学阶段，我曾经苦劝她要钻研奥数，争取考上南京小学生们都梦寐以求的南京外国语学校。然而，孩子的母亲却婉言谢绝了我的好意，她说孩子很喜欢美术，不愿意去做那个数学题，我虽然有些尴尬，但还是尊重了母亲的选择，不再生硬地强迫孩子学习奥数。今年六月，孩子中考结束，获得了南京市美术单科"小状元"的佳绩，我在感到欣慰的同时，也暗自庆幸当年母亲的决策完全正确，暗自欣慰自己没有成为孩子成长路上的"拦路虎"。

还有一个小男孩，对数学学习完全没有感觉，就更别谈什么兴趣了。听到数学就头疼，看到数学就厌烦，这种状态一直延续到高中，一度还产生了厌学

的情绪。后来，这个班的班主任老师想了一个办法，告诉他：你必须天天来上课，你可以在数学课上做你自己喜欢做的事情，但是不能请假，也不能影响其他人学习。然而，接下来的故事却发生了戏剧性的转折，这个在数学课上被老师"放弃"的孩子，因为热爱美术，坚持绘画，后来成为了一名设计师。这个人就是 2022 年北京冬奥会吉祥物冰墩墩的总设计师、广州美术学院视觉艺术学院院长曹雪。他为什么能够取得这样的成功，我想离不开父母和老师的协同支持。父母对孩子的爱好很了解、很支持，老师对孩子的爱好很理解、很包容，正是因为有了父母、师长的理解和支持，共同助力，他顺利考上了无锡轻工学院（后改名为江南大学），这才真正实现了设计梦，也才有了今天可爱的冰墩墩。教育家苏霍姆林斯基所说："没有家庭教育的学校教育和没有学校教育的家庭教育都不可能完成培养人这样一个极其细微的任务。"各位尊敬的家长朋友，近几年国家出台了一系列重大决策，其中都有强调家庭教育、学校教育、社会教育需要紧密结合、协调一致，因为只有这样，才能完成培养人这样一个极其艰巨又复杂的工作。正如一位优秀的家长总结的那样，要密切与老师及家长间相互沟通。当孩子出现问题时，要及时与老师沟通，找出原因，引导孩子向正确的方向发展，家长和老师越配合，教育就会越成功。

亲爱的家长朋友们，就让我们携起手来，相互信任、相互支持、相互补台、相互依靠，共同为孩子撑起一片幸福成长的天空吧！

3 怎样的孩子可以在假期实现弯道超车呢？

过去，在放假之前，可能大多数家长都会在各种场合看到或听到这样一句话：不怕同桌是学霸，就怕学霸过暑假。

"双减"之后，情况有了变化，国家成立了教育部校外教育培训监管司，要求校外培训机构绝对不能代替学校去承担学校该做的事情，要做学校教育的"绿色补充"，多开展音体美、琴棋书画等培训……

那么，离开了培训机构这个"托儿所"，该怎么办呢？我以为，所谓的弯道超车，并不是指优秀学生在假期里"开得有多快"，而是指在假期中，绝大多数学生可能都会出现懈怠、放松现象，这样在假期结束回到学校之后，学生间的差距自然就会变得明显起来。

当然，说这个话题还有一个前提：正视目前的教育现实。如果按理想化的教育来说，假期就是孩子们放松的时候，让他们接触大自然和社会，学习和培养平时因为功课忙而无暇接触和感知的知识与技能。但是，现实是没有人会真的让孩子一眼课本都不看。

何况，即使是素质教育，也并没有排除假期适当温习功课。如果以所谓"素质教育"为由，任孩子在假期里"放野马"，那是对孩子的不负责。

我也反对在假期里给孩子增加不必要的负担，但是——是否在给孩子加重负担，关键的标准是：孩子是主动学习，还是被动应付？我们主张的当然是前者，这也是许多优秀学生之所以优秀的原因。

那么，那些开学之后表现出较为出色的学习状态的孩子，都有哪些特质呢？带着这个问题，我们一起来走近几位优秀学生吧。

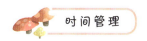

时间管理

培根说："时间是衡量事业的标准。"时间是宝贵的，它转瞬即逝，永不返回。时间是成功者的筹码，成功一定要有个积累的过程。任何成功人士都有一套自己独有的时间管理准则，对自己的时间和生活有着更高的掌握能力，把握住了时间，也就把握住了机会和效率。

小周现在在美国谷歌公司工作，从小到大，都是大家口中的"别人家的孩子"，妥妥的"学霸"，一路保送直至清华大学。其实，还在他念小学的时候，我就发现他已经拥有了强大的时间管理能力。

他父亲曾经介绍说，孩子每天早上六点半起床，雷打不动，寒假期间除了过年三天稍微晚点起床，其余时间（包括平时的双休日）都是准时起床，（当然他们全家都是准点起床的）按照自己的计划有条不紊地学习、生活。现在看来，这样严格的时间管理能力是小周成为优秀学生的原因之一。

鲁迅说过："哪里有天才，我是把别人喝咖啡的工夫，都用在工作上的。"我当然不是要求孩子在假期里也要"把别人喝咖啡的工夫"都用在做功课上，但鲁迅先生的时间观，对成长中的孩子绝对是有益的，而且是终身有益的。

所以，从现在开始，制订一个合适的学习、生活计划，并长期坚持不懈，相信你会利用别人赖床、磨蹭、发呆、打游戏的时间，来实现自己的弯道超车。

认真做事

毛主席说："世界上怕就怕'认真'二字。"一个人认真一次并不难，难的是一直认真，一天、一周、一月、一学期、一整年…… 如果能够从小开始认真地做好每一件小事，久而久之必然会形成良好习惯，一旦形成这样的良好习惯，收获的必然是成功的快乐。

就以写作业为例，这是一个保送进北大的"学霸"当年在小学时的数学练习作业，在担任他老师两年的时间里，孩子的书写状态从来就没有出现过任何波动，笔迹清秀、过程完整、思路清晰、订正详细，即便是错题订正也是这样有板有眼。

有人觉得：我平时马虎点儿不要紧，到考试的时候，我肯定会认真的。有这想法的人不少，能成功吗？从脑科学的角度告诉你，这不太可能。

因为面对同样的信息刺激（作业练习），大脑长期受到你"不认真"的练习训练，必然形成这样的条件反射，一看到刺激源就会习惯性地做出不认真的连锁反应，这种习惯性的行为是不需要意识参加的，当然也就难以取得你以为可以取得的好成绩，这就是为什么说好习惯一旦没有养成其实就是在练就坏习惯的原理。

练习和重复是创造记忆痕迹的过程，任何专业技能的培养都是积跬步以至千里的过程。

所以，请从现在开始，只要拿起笔就规范书写，只要端起书本就凝神思考，只要坐在书桌前就坐有坐相，只要做题就认真完整思考。请抓住每一次的练习机会，改变原先不良的信号刺激（不想写、随便写、胡乱写），帮助大脑建立良性的刺激——练习——好习惯——自动化提取的机制，相信这样的你一定也是一名妥妥的优秀学生。

阅读交流

《父母的语言》一书中提到："这个世界上没有那么多天生聪颖的孩子，更多的聪颖源自其善于沟通的父母。"

生活在贫困家庭的孩子由于缺少和父母的沟通交流，在 4 岁前比生活在中产阶级家庭的孩子少听了 3000 万个词汇，是的，你没有看错，就是 3000 万个！"赢在起跑线上"的孩子，并不是他们的家境有多么富有，或者是报了多少个课外班，而是他们一出生，就能够在语言丰富、积极正面的环境中熏陶。

如果错过了早期的语言沟通交流就没有办法了吗？当然不是！最好的补救办法，那就是广泛地阅读。苏霍姆林斯基告诉我们："要使学生学会流畅地阅读，并理解阅读的内容，要使他们能一边阅读一边思考所读的东西的含义，只有把学生的阅读技巧提高到这样的程度，才能自如地进行学习。"

而要想实现这个目标，就必须让他们在低年级期间朗读 200 小时以上，默读 2000 小时以上（按照每天专注阅读 2 小时，需要近 3 年的时间）……

走近优秀的孩子，几乎可以发现他们每个都有爱读书的好习惯，大多都因为酷爱读书而获得了"小书虫"的雅号，甚至在地铁、厨房也是手不释卷，忘却一切，家庭成员也基本都有读书的好习惯，每天都有固定的读书时间和互相交流分享。

大量的阅读可以丰富我们对世界的认知，产生新的大脑神经连接，开发自己的学习潜能。如果说，平时功课紧张、作业繁重，实在无暇阅读大量的课外书，那么，假期不正好是一个弥补的机会吗？所以，请立刻拿起书，就从现在开始，实现自己的弯道（假期）超车吧。

其实，说了那么多，我最想说的是，对于低年级的孩子来说，要求他们在一个假期就学习多少知识、掌握多少技能，是不现实的，但养成一些好的习惯，倒是可能的。所以，所谓"弯道（假期）超车"，超的不是学业，而是习惯。

各位尊敬的家长朋友，任何事情都不会一蹴而就，诸事万物皆有迹可循，请把握住娃娃的假期时间，循着优秀孩子的足迹，带着孩子一起努力吧！

4 家长才是培养孩子良好阅读习惯的"第一责任人"

如何有效培养孩子良好的阅读习惯？这的确是一个学校和家庭都应该重视的问题。理论上说，学校和家庭当然对此都负有责任。但两者作用并不是"同等"的。

学校的作用主要有两个：一是通过课堂教学和课外活动，教给学生一些阅读方法，为他们推荐有益读物，开展多种形式读书交流，营造读书氛围，让校园充满浓浓的书香，以感染和影响学生；二是引导和影响家长，提供书目，开展亲子共读活动，组织座谈，互相交流，同时给家长一些指导孩子阅读的具体方法。

但正如学校教育无论多么重要，都只是家庭教育的重要补充一样，对孩子的阅读指导而言，家庭的作用显然在学校之上。

道理很简单，对孩子的一生来说，家庭是孩子的第一个课堂，父母是孩子的第一任老师；这里的"课堂"和"老师"，自然包括阅读和指导。

2022 年 1 月 1 日起正式施行的《中华人民共和国家庭教育促进法》明确要求"父母或者其他监护人应当树立家庭的第一个课堂，家长是第一任老师的责任意识，承担对未成年人实施家庭教育的主体责任"。这个"主体责任"当然也包括对孩子的阅读指导。

尽管学校也担负着对学生课外阅读的指导，但学校的主要任务是通过课内教学给学生传授系统的文化知识。如果哪个学校把主要精力放在学生课外阅读的指导上，这是不可思议的。因此，明确家长是培养孩子良好阅读习惯的第一责任人，是很重要的，也是必须的。

关于家长如何培养孩子的阅读习惯，如何指导孩子的阅读方法，已经有许多老师和专家谈了不少很好的建议。我都同意，不再赘述。

我这里只是想针对低年级孩子的阅读问题，补充一个具体方法，就是"听读绘说"。这是朱永新老师倡导的新教育实验"读写绘"的一个升级版，它遵循儿童的身心发展规律，更为吻合儿童年龄特点、学习特征，且便于操作——

"听"，是孩子专注倾听父母或老师讲述图画书等故事，理解内容并回答相关问题，这种亲子共读，是集中注意力的训练；

"读"，是孩子在听过之后进一步独立阅读，主动思考，独自深入故事情境，是提升阅读力的训练；

"绘"，是孩子把听过的故事用图像复述或进行同主题创作，以涂鸦的方式画出来，是增强想象力的训练；

"说"，是以涂鸦的作品为提纲，孩子用口头语言进行丰富而完整的阐述，

是提高表达力的训练。

"听读绘说"越来越受到孩子的欢迎，幼儿和小学低段孩子的家长不妨一试。

关于孩子的阅读，家长的所有"培养"和"指导"都必须有一个前提，那就是家长本人是一个"读书人"。最好的教育莫过于感染与示范。你希望孩子成为怎样的人，请你先做那样的人。这就是教育。

为了培养孩子的阅读习惯而和孩子一起阅读，这当然不错，但这种阅读还带着强烈的"功利性"，还只是手段。真正的阅读，是一种自然而然且须臾不可缺少的生活态度，甚至是一种生命的呈现方式。

笛卡尔说："我思故我在。"同样，对于一个人来说，你如何表明你的生命存在？我读故我在。

北大教授陈平原说："如果你发现自己已经好长时间没读书，而且没有任何负罪感的时候，你就必须知道，你已经堕落了。"

每个家长都应该问问自己：我有没有阅读的习惯？我最近读书了吗？我最近读的一本书是什么书？如果这些答案都是否定的，就没有任何理由要求孩子勤奋阅读！如果勉强地"和孩子一起阅读"，其作用就是很有限的，因为这种"为了孩子"的"阅读"缺乏可持续性。

那么，家长该读什么书呢？阅读本来是一个很个性化的事，自然不便统一要求的。我的建议是：

读有关家庭教育的书

无论每一个家长从事的是什么职业，因为你有孩子，便同时也是一名教育者。既然是教育者，就应该读一些教育专著，其中最重要的自然是家庭教育的专著。用科学的理论和专业的知识指导家庭教育理所当然。

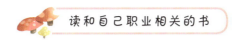
读和自己职业相关的书

或许是财经，或许是金融，或许是行政管理，或许是工程设计，或许是文化产业……无论你从事什么职业，都尽可能广泛地阅读相关书籍，目的当然是为了自己在相关领域获得成长和成功，但还有一个意义，就是因此感染甚至感动孩子：我的爸爸妈妈都还在通过阅读努力学习，我还有什么理由不增加自己的阅读量呢？

读孩子喜欢读的书

这一方面是为了和孩子有共同的话题，尽可能拓展心灵交流的渠道，另一方面也是通过读孩子喜欢的书，了解和感受孩子的心灵。读儿童的书能够让成人保持一种孩童或者青春的心态。这当然更有助于我们走进孩子的内心。

读人文类书籍

通过人文阅读，让自己成为一个视野开阔的人、一个学识渊博的人，这不但能够让孩子对父母更加敬佩，也让你在与孩子的交谈中旁征博引，信手拈来，俯视古今，联通中外……有这样的父母，还愁孩子不爱阅读吗？

5 无论你怎么爱孩子，都请不要做这几件事情

听到自己班和其他班几位家长说起这样几件事情，一方面感觉到娃们的父母真是全身心扑在孩子身上，另一方面又觉得有些事情实在是做得有些不可思

议，听了以后还真有些着急。

过度要求孩子的学习成绩会影响孩子的身心健康。一个家庭对孩子期望值极高，竭尽全力为孩子创造并提供一切学习成长的条件，希望孩子全面发展，希望孩子所有事情都能做到最好，这样并不一定是正向的。

有这样一个案例：在孩子众多的学习任务中，有一项就是课外的英语学习，由于孩子年龄尚小，课外班中数量惊人的英语单词的记忆是一项巨大的工程，家长觉得早上背诵的效率比较高，所以要求孩子每天早上要背诵十个单词。

但又因为孩子的课程排得较满，晚上的睡眠时间不足，早上又想让孩子多睡一会儿，这下怎么办呢？"聪明"的家长想出了一个一举两得的好办法，那就是一边吃早饭一边背单词。

说实话，我很震惊如此深爱孩子的家庭竟然会做出这样的安排，稍微有点常识的人都应该知道，吃饭的时候身体的血液会流往胃部去帮助食物消化，如果这时候强行进行其他活动，就会让血液循环集中在眼前关注的事情上，影响肠胃的消化以及营养的吸收，如果长时间如此，必然会损害身体健康。

过度包办限制阻碍儿童成长。我们发现很多孩子的家长在家事无巨细、点点滴滴，都为孩子操办。从穿衣、穿鞋到喂饭、收拾书包，目的就是一个——让孩子少做点。这样做的结果是什么呢？他们的孩子就会显得懒惰及幼稚的"笨拙"。我常说三年级是个分水岭，孩子们在一二年级时，放学后几乎都是没有任何书面作业的，每天要写家庭作业的习惯尚未养成，再加上被父母包办各类大小事情，进入三年级后，由于增加了一门重要的学科——英语，语文和数学每天也多了家庭作业，这对很多孩子来说都是不小的考验，出现了各种各样的状态。

有些孩子的家庭早早地给孩子做好了相应的准备，孩子综合能力发展较强，能够很快适应三年级的有作业生活，但也有的孩子没有得到过练习，还没有形成良好的习惯，就会显得有些手忙脚乱的，有些不知道记作业，有些不知道要写作业，有些忘记带作业本，等等。但是只要坚持练习，假以时日，孩子还是会拥有这样的能力，形成这样的习惯。

　　但也有这样的家长，面对自己的孩子不能很好地记作业、写作业等问题，不是去帮助孩子成长，而是去包办替代，每天晚上辛辛苦苦地去替孩子向班级其他同学询问作业，或者干脆就在群里公开发问，自然也会有热心的家长及时相告。我想请问，您觉得这是在帮娃还是害娃呢？最近我们在学的"年月日"这个单元，错得比较离奇的通常都是家里存在过度包办现象的，真心希望这满页鲜红的叉号能够唤醒我们的家长朋友，千万别再用这样的"爱"来耽误孩子了。

　　蒙台梭利说过："我们需要善于观察，只在孩子真正做不了需要帮忙的时候才插手。如果观察到孩子是可以通过努力自己完成的话，就千万不要帮忙，不然，你就成了他成长的'障碍物'。因为帮他做了其实是在剥夺他学习的机会，剥夺他建立自信的可能。"

小明今年10岁了，可他只过了2次生日，他是（ 2 ）月（ 29 ）日出生的。

今年 3 月 1 日的前一天是（ 3 ）月（ 1 ）日，

中华人民共和国成立于（ 1989 ）年（ ）月（ ）日，

日是中华人民共和国成立 70 周年。

芳芳说："我的生日是六一儿童节的前三天。"他的生日是（ 5 ）月（ 30 ）日。

2022年2月4日，第24届冬奥会在我国首都北京举行，这一年共有（ 365 ）天，合（ 52 ）个星期（ 1 ）天。
22÷7=31 ……1天

一年中有（ 7 ）个大月，（ 4 ）个小月，（ 1 ）月既不是大月也不是小月。

国庆节是（ 9 ）月（ 10 ）日，在第（ 三 ）季度。

闰年全年一共有（ 365 ）天，是（ 52 ）个星期零（ 1 ）天。

闰年全年一共有（ 366 ）天，是（ 91 ）个星期零（ 2 ）天。
366÷4=91 ……2

过度焦虑诱发双方不良情绪。升入新的年级，小朋友换了新的老师，双方都是在互相适应中。有的老师比较爱操心，出于更好地帮助孩子的愿望，遇事喜欢和家长联络；有些孩子性格比较外向，回家后喜欢分享学校的经历。这其实都是很好的事情，便于家长更好地了解孩子，更好地进行家校协同。

　　但有的家长可能是爱子心切，遇事非常容易着急，一听到孩子的事情就完全沉不住气，思虑过多，孩子刚上一年级就开始担心他今后能不能考上高中，听到孩子上课不守纪律就焦虑他是不是班级最差的一个，听到孩子说自己的下课玩耍经历马上联想到校园霸凌，同座位、午间餐、洗手间、课桌椅等等，无一不是他们焦虑和烦恼的对象。

　　而这类家长的表现形式一般是这样的：不是对娃发脾气，就是在家里甩脸子，要不就是哭哭啼啼、大喊大叫，或者是大打出手闹到 110 出动……

　　这种焦虑、紧张和不安的情绪不仅会严重影响父母自身的心理健康，而且也会连带着影响到班级教师、同伴家长，而我认为这种情绪最大的受害者可能正是父母挚爱的孩子。因为孩子年龄小，对于很多负面的东西还没有能力去化解，只能全盘无条件接受，在此过程中，他们大概率也会变得紧张、焦虑，严重缺乏安全感，而且，为了获取自身的安全感，他们还很有可能扭曲人格，变得讨好逢迎。

　　各位亲爱的家长朋友，《中华人民共和国家庭教育促进法》中明确指出："家庭教育，是指父母或者其他监护人为促进未成年人全面健康成长，对其实施的道德品质、身体素质、生活技能、文化修养、行为习惯等方面的培育、引导和影响。"

　　我以为，无论你怎么爱孩子，都请不要做上述几件严重破坏孩子身心健康发展的事情。您同意我的观点吗？

6 让孩子感到被爱，而不是简单地强迫孩子去承认错误

教育家卢梭说过："世界上最没用的三种教育方式，就是讲道理、发脾气和刻意感动。"刚巧，今天看到一个小视频，里面介绍了优秀父母通常会做的两件事——让孩子感到被爱，而不是简单地强迫孩子去承认错误；发现孩子身上的闪光点并给予正确的表扬。

作为老师，我还是比较认同这两点的。我觉得不论是父母还是老师，面对一个低龄儿童时，与其一直在对错上纠结，不如让他在感受到爱与尊重的基础上，获得足够的安全感，并通过正确的表扬促使孩子自己进步，最终让孩子因为被爱、被指引而去主动改变自己。

二年级的一天，我走刚进教室，就有娃拿着一堆被人撕下来的练习册纸来报告，班级一位同学的练习册被撕了。印象中，这是自娃们入学以来，遇到的最严重的一次事件。

天真单纯的孩子们，因为从来没有见到过如此恶劣的行径，开始有些议论纷纷。经过询问，这本被撕毁的练习册是我们班一名小娃的，他上周五放学时遗忘在教室里，我猜测可能是那天下午来我们教室上社团课的同学干的，经过一番询问和查寻，我找到了周五下午坐在被撕位置上的那个邻班的孩子。

第一步：自我介绍，拉近距离。虽然我很想尽快确认这件事情，但还是忍住了脱口而出的质问。因为我知道，自己的教师身份决定了我在孩子面前有着太强的权威感，贸然上去询问孩子是不是他撕的本子，我觉得太过生硬，不管是不是他干的，都有可能吓着孩子，让孩子没有安全感。我轻轻拉过孩子，温和地向他做着自我介绍："孩子，你好！你认识我吗？我是二（1）班教数学的郭老师。"孩子有些蒙，满脸狐疑，又有些紧张。"我不认识你……"他坦率的回答让我有些窘迫，我不得不尬笑着再次介绍："哦，那咱们现在认识一下吧，我是二（1）

班教数学的郭老师。"孩子脸上的表情松弛了很多，他突然露出了恍然大悟的神情，很给面子地对我说："我知道了，你给我们上过活动课的……"这个时候，我感觉和孩子之间的对话距离拉近了许多，孩子的紧张感在逐渐消除。

第二步：循循善诱，说出实情。到了这个时候，我觉得可以直接询问周五的事情了，当然问话最好从能够让孩子回答"是"开始，这样对话才可以继续下去。

"孩子，周五你是在我们二（1）班教室上的社团课吗？""是的。"

"你上的是国际象棋社团课，对吗？""对的。"

"你上课的时候是坐在第 × 组的第 × 排的那个位置吗？""是的。"三个问题轻松回答之后，延续着这个节奏，我依旧平静地抛出了一个重量级的问题："孩子，那你知道那个座位上的练习册是谁撕的吗？"娃一下子变得迟疑起来，突然有些紧张地盯着我，嘴里喃喃地说："如果被人撕了，是不是，要赔一本给他呀？"我连忙追问："是你撕的？"他好似陷入困境一般慌张地点着头，鼻尖渗出了细密的亮点。

第三步：正确表扬，激发自尊。孩子的模样让我有些心疼，我不想为此让孩子感到过度羞愧和不安，我连忙把他拉近，止不住地夸赞他："哎呀，你这个孩子真是太好了，第一诚实勇敢，第二勇于担当，你真是个好孩子啊！"孩子黯淡的双眸重新燃起了亮光，他扬起小脸看着我，似乎不敢相信自己的耳朵，我进一步解释着："你看你不仅勇敢地承认了此事，而且已经在想着是不是要赔偿一本，说明你是愿意为此承担责任的，确实是一个好孩子！"之所以不断重复，就是想努力唤醒孩子做好人的志向，因为儿童要成为一个好人的志向，正是通过他自己的意志力表现出来的。一旦孩子被赋予了这样的信任和尊严，他就会由内而外地迸发出自主、自觉和自律的光芒。这个时候，你再跟他去谈这个撕本子的行为，他已经羞愧得有些无地自容了，但这时的难为情，绝不是老师强加于他的，而是老师在其心中点燃的"你是一个这么好的孩子"的志向，让他对此行为感到十分不安。

第四步：家校合作，协调一致。原来，孩子撕纸是为了自己喜欢的画画，可由于平时撕不好，于是，那天看到那本练习册，就想拿来练练手，而之所以对作业本能够下得了这样的"狠手"，其原因应该在于孩子的父亲也曾经在家中撕过孩子的作业本。孩子说想把这堆撕下来的作业纸一张张重新粘起来，我听了非常感动，我认为这依旧是孩子有担当意识的体现，孩子不仅在主动思考如何补救自己的过失，而且还有具体的想法，难能可贵。和孩子商量后，我们请来了孩子的父亲，因为这样的补救工作需要父母的帮助，同时这件事情我也想叮嘱父母回家后不要简单粗暴地再把孩子的自尊心给打骂践踏了。父亲来了之后，不仅完全认同我们的理念，愿意带着孩子把撕掉的练习册一页一页地重新粘起来，同时还提出要再买一本新的赔给对方孩子，当我表扬正是因为有他这样有着强烈责任担当意识的爸爸，所以儿子也才会这样坦诚勇敢时，他发出了一连串的"惭愧"之声……教育离不开批评，但教育不是为了批评；教育离不开惩罚，但教育不是为了惩罚。教育是把阳光播进心灵，继而抚摸心灵，最后唤醒心灵。而这一切的前提是教育的信念：任何一个孩子无论看上去多么顽劣不堪，甚至"不可救药"，他的内心深处都有"做好人"的愿望。对于犯了错误的孩子，智慧的教育者并不会严厉地批评、"强迫"他承认错误，更不会用严苛的斥责"震慑"他"坦白交代"，而是以信任赢得信任，在亲切和蔼的交流中不动声色地点燃孩子心中那一颗向善向上的火种。这时候，犯错本身的处理倒是次要的了，因为让孩子成为自己成长的教育者和激励者，这才是最重要的。做没有恐惧的教育，做永远对孩子充满信心的教育者！我愿和各位教育同行以及孩子的父母们共勉！

7　班级里发生了一件非常严重的大事

昨天，班上不少孩子告诉我，就在上周五，班级里发生了一件非常严重的大事——有人给男生发放了"女厕所入场券"。

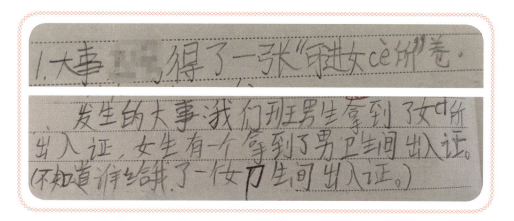

刚入眼时，我有点没有弄明白什么意思？女厕所入场券？再仔细一看，才算弄明白，原来是有人制作了"女厕所出入证"，然后把它发给了男生，引发班级一片哗然。当时我的第一个感觉是特别生气，这些小家伙真是太过分了，怎么能搞出这样的事情来呢？这要放在自己年轻的时候，没准就是先火冒三丈地查出罪魁祸首，然后再噼里啪啦地一顿猛批，因为这行为真的有些出格了，为了孩子的健康成长，我必须要严格管理，杜绝此类事情的发生，那时候的我认为这样才是爱孩子。但这毕竟是过去的做法，几十年的教师工作经历让我现在多了一份从容之心，明白做一个情绪稳定的老师对于孩子来说是多么重要。相较于之前那种猛烈的"爱"孩子的方式，现在的我则更愿意多想一步，孩子为什么会这么做呢？联想到最近班级里盛行发明各种小游戏，无论是在课上还是课下，孩子们都玩得不亦乐乎，我在想，这个孩子是不是也是在设计小游戏呢？当然这里面也可能有着青春初期孩子心理的小小萌动，开始对异性有了一些特有的兴趣。

还有，这个年龄段（十岁左右）的孩子，自我意识和维护自尊的意识都比过去有明显增强，他们是非常在乎别人眼里自己的形象的。现在，班级有这么多同学都知道了这件事情，我又该如何在不伤害、不损伤这些孩子尊严的前提下，教育和引导更多同学提高认知和分辨能力呢？正巧我们最近正在学习"小数的初步认识"这个单元，就在昨天的课上，我刚给孩子们介绍了古人是如何从"低一格摆算筹"的复杂原始方式，一步一步进化到现在的用"圆点来分隔小数部分与整数部分"，确定了现在这样清晰简洁表示小数的形式。

想到孩子们在学习感受这些知识的过程中，纷纷赞叹着古人的智慧给我们今天的生活带来的便捷，我心里一下就有了主意。于是我用像往常一样的声调开始了我的"例行公事"——"同学们，从大家昨天记录的'大事记'中，我了解到了班级发生过这样的几件大事，一起来看看你的视线中是否有这几件事情，一起来看看你的观察能力吧。"

"第一件事情是，由于老师外出听课，同学们一天上了两节最喜爱的美术课。"同学们听到这事，连连点头，想到昨天的愉悦，他们的脸上又浮现出开心的表情来。

"第二件事情是，体育老师生病了，你们的体育课是别的老师上的，同学们很关心体育老师的身体状况。"大家一听，又是一阵点头，有的孩子好像有些懊恼自己怎么忘记了这件事情。之所以要先说这两件事情，我的用意就是不过分突出"女厕所入场券"这件事，避免孩子们出现过度敏感的情况，但总归还是要说的，于是我继续用平静的声音说道——

"第三件事情是，有同学告诉我自己收到了一张'女厕所入场券'。"才刚开了一个头，班级里立刻就开始骚动起来，有一些孩子脸上浮现出了神秘的笑容，有一些孩子则立刻将目光投向了一个方向，还有一些孩子立刻兴奋地交谈起来……我连忙表现出一副稀里糊涂的样子来："对于这件事情，我并不是十分清楚，我既不知道是谁制作的，也不知道是哪些人收到的，我只是指导了有这么件事。"我这么说的目的当然是为了减轻当事人的压力，让孩子不要有特别的心理负担。然后我接着说："对于这件事情，我是这样看的——我觉得这个孩子还是蛮有创意的，因为他设计了一个与众不同的游戏，而且这个游戏也成功地引起了大家的关注。"听到我这么说，同学们逐渐开始安静下来了，眼睛里有些疑惑，难道郭老师是在表扬这个同学吗？我偷眼看到这个孩子也悄悄抬起了一直低垂着的头，有些紧张，更有些期待地看着我。看到大家有些不解的眼神，我话锋一转："虽然这是个与众不同的游戏，但是我觉得并不妥当。同学们，你们想一想，当你还在襁褓中的时候，不会分什么时间、地点和场合，完全就是一种本能，想哭就哭，想尿就尿，无论怎样，都不会有人来批评指责你的，为什么呢？因为那时候的你们还小。如果要再往前追溯的话，我们的祖先一开始身上只裹着几片树叶，哪里还会分什么男、女厕所呢？但是现在我们为什么开始分男、女卫生间了呢？那是因为我们人类在长期的进化过程中，从裹着树叶到开始围上兽皮，再到穿上衣服，从随地大小便到学会上卫生间，我们就这样一点一点地从原始的状态不断进化到现代文明的状态。我们每个人都经历了从婴儿时期的想尿就尿，到幼儿园时期的性别不分，再到现在男、女分厕，也是在不断地向着文明的方向发展。这就像我们刚学习的小数一样，从古代的非常麻烦又原始的"低一格摆算筹"进化到现代用方便快捷的小圆点表示，这都是千百年来人类智慧的结晶啊！现在的我们享受着这种进化带来的文明与便捷，应该更加珍惜并且努力去发扬光大。今天努力学习，今后也能站在先人的肩膀上，用自己的聪明才智，为子孙后代创造出更加美好的世界。正因为如此，我并不欣赏这个游戏，因为这种设计是在让我们倒退，倒退回婴儿时期，倒退回不在意性别的原始时期，我个人觉得不利于我们的发展。所以我建议，咱们同学以后无论是设计游戏，还是发明创造，都应该想一想，有没有向着更加文明的方向，向着更加有利于自己成长的方向？你们同意我的说法吗？"孩子们都默默地点点头，我看到他们肃穆的神情，知道他们的注意力已经放在了更加深远的地方了，我继续用平静的声音说着——

　　这天晚上，我便收到了"女厕所入场券"设计者的父亲发来的信息——"郭老师，孩子想向您申请坐在第一排，想好好学习。"

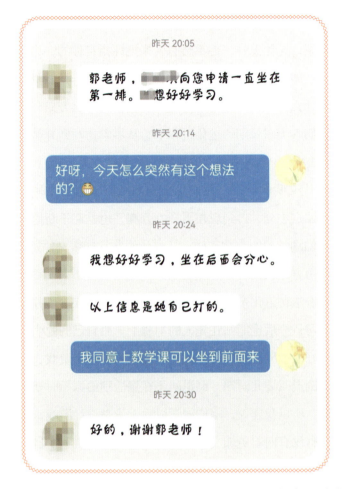

后来，我听到更多的孩子在说："我们要做一切对成长有利的事情，不能退到原始时代。"

8　在放假带娃旅行的途中，我不赞成你做这几件事情

放假期间，是父母们带着孩子外出游览祖国壮美河山的好时候，也许是教师职业的缘故，我总会对路上遇到的小朋友多一些亲近感，也会因此多关注几

眼。

那年在去新疆的团里，就遇上了这样一个小姑娘，文静乖巧，又刚好和班里的娃娃一般大，我自然关注得就更仔细了些。一路上发现了小娃有些不太舒心甚至很难受的时刻，非常心疼。

记录在此，希望提醒各位用心的父母，在旅途中也能做到理解孩子、尊重孩子、给孩子空间，让娃能高高兴兴地去，也能快快乐乐地回。

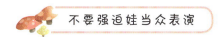

一天，我突然发现小娃脸色有些暗淡，眼神也不似平日那样灵动活泼，身子也显得有些僵硬，看上去有些难受，而身边的大人好像完全没有感觉一样。

我一把搂过小娃（我们两个已经互相认识了），低声询问她发生了什么事情，娃被我问中了心事，伏在我的胸口哽咽起来：原来是家长想让娃走到车头，拿着导游的话筒来为大家表演唱歌，娃不愿意，于是，就遭到了大人的指责，娃因此有些难受。

听见娃断断续续地在向我倾诉，一旁的大人也是一脸的不解，也在向我倒苦水："这小娃真是的，一点儿也不大方，你给大家表演一下多好啊，这是多好的一个机会呀……"

我笑着打断了大人，解释道："我们宝宝和其他的乘客还不熟悉啊，我们也没有在车上唱过歌，所以，我们还是有点害怕的呀，所以我们还不敢哟……"孩子听了我的话，立刻把身子向我靠得更紧了一些。

其实，孩子之所以这么"不大方"，除了我刚才说的对新环境没有做好充分的准备外，我觉得可能还有一个更加重要的原因，那就是家人的言传身教。

娃是跟着姥姥姥爷一块儿出行的，据导游说，全团近三十人中年龄最大的是娃的姥爷，最小的就是娃，可是这一家在上车时却主动选择坐在大巴车最后一排，一行七天，每天坐五六个小时的车（最多一天是十个小时），最后一排的颠簸难受程度可想而知。

这一个选择应该就能告诉我们，这一家是多么低调谦和，遇事大概率是不会争抢计较的，这样家庭里出来的孩子怎么可能愿意在人前"显摆"呢？

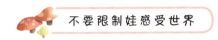

不要限制娃感受世界

新疆维吾尔自治区很大，两个景点之间车程较长，有时候要坐上一整天，天气又很热，即使车内开着空调有时候也会热出一身汗来，疲惫加上闷热，很多人在这种情况下都有些无精打采的。

但是孩子们不一样，他们身体健康，思维活跃，精力充沛。有人曾经这么控诉过自己的孩子精力太过旺盛：充电五分钟，活跃一整天。

这个小娃也是一样，经常在整车人都昏昏欲睡的时候，她依然睁大着自己的眼睛，完全没有半点睡意。然而，不知为什么，她大多时候是被身边的大人强制着按倒，要求躺下睡觉的。我回头（我坐在倒数第二排）看过她很多次，其实她根本睡不着。

但是因为她既没有年龄相仿的玩伴，也没有精力相对充足的父母陪伴，只有年迈的老人总是出于对她安全的考虑，把她按倒在座位里，久而久之，她也只能是安安静静地把头枕在大人的腿上无所事事。

有一次，车前跑来一只狐狸，大家听到动静，都来了精神，我们都很感兴趣地想一睹这个对于我们来说很少能亲眼见到的小家伙的真容。

我立刻回头想去招呼小姑娘，却发现她仍在很无聊地摆弄着手上的一根绳子，对于车内的喧嚣几乎没有反应，并没有出现丝毫激动和欣喜的神色。等到身边的大人终于开始把她弄起来，激动地开始喊她看向窗外的时候，小狐狸早已经不见了踪影。

我替娃感到惋惜，更是有些心疼这个小娃。想着我们班的小娃在课间奔跑嬉戏，在雨中寻找小蜗牛、小蚯蚓，在草坪上翻滚玩耍的画面，我感到有些痛心：这么乖的小娃确实让大人很省心，看起来很好带，但她可能也会因此过早地失去最宝贵的一样东西，那就是——对这个世界的好奇心和探索欲。

不要在公开场合训斥娃

我们这个团，一行近三十人，大都似我一般到了知天命的年龄，然而小姑娘在这个团队中的表现似乎一点也不违和，娃文静乖巧，很有教养，上车下车从不争先恐后，一路上，几乎在所有公共场合都听不见她有任何声音，既没有半点撒娇，也没有丝毫哭闹，一切都按照规则来，从来没有因为自己年纪最小，是这个团里唯一的小孩子就要求被特殊对待……

这种表现应该是被大人们所认同的，但是我却在想，孩子是在怎样拼命压抑着自己的天性才表现出了这副讨人喜欢的模样呢？这毕竟是个七岁的孩子啊！

果然，在去喀纳斯的那天，由于车上行程（大约八个小时）较远，等到了喀纳斯的时候，又需要乘坐景区交通车近半个小时，再步行大约二十分钟，再美的风景对于孩子来说，也抵不上一个玩具、一个伙伴、一个冰激凌有吸引力啊，可是现在，这些都没有。一直非常懂事乖巧的娃娃终于忍受不了，开始反抗了——

于是，就在风景如画、如梦如幻的喀纳斯湖畔，孩子坚决不肯再往前走，大人们措手不及，又不愿意放弃这奔波了这么久才能见到的东方梦幻喀纳斯，在众目睽睽之下，发生了剧烈冲突，大人们指责孩子不懂事，胡搅蛮缠，孩子委屈得哇哇大哭，场面一度失控……最终，他们全家都没有乘船游览，错失了一次与美好相遇的机会。

下船后的我赶紧上前安慰娃，大人们还在一旁不停地敲打："你问问人家老师，是不是也喜欢懂事的孩子啊？你现在这样能有人喜欢吗？"孩子一听，又呜呜地哭出声来了……

我拉着孩子的手，轻声对她说："宝贝是累了吧？一会儿我看到有卖冷饮的，咱们补充点能量，好吗？"孩子听了，乖巧地依偎在我的身上……

大人们常常由于不能懂得孩子的需求，对孩子发出的信号（难受、委屈、哭诉等表现）不能及时警醒反思，相反，还在大庭广众之下公开斥责孩子，甚至吓唬孩子，我以为是不可取的。

这么可爱的孩子，如果一直被这样对待，可能会越来越丧失求知的欲望、学习的兴趣，且对自己的信心也大打折扣。当我偶尔问起小宝有关暑假作业或者期末考试的事情时，她的回答是"我不记得了""老师还没有说"，我想这或许也能说明一些问题了吧。

9 孩子假期有必要提前学下学期的课本内容吗？

暑假来了，有很多家长都觉得这么长的时间不可荒废，于是，产生了这样的疑问：孩子在假期里有必要提前学习下学期的课程内容吗？

关于这个问题，我想还是需要从大脑的学习机制来聊一下，我们都知道学习的基本环节中有一个必不可少的"预习"环节，那么你知道为什么要预习吗？为什么学习的第一个环节不是上课直接听讲呢？

那是因为每个人来到课堂，其实是带着自己对世界如何运作的原有经验来的，而课堂的学习如果不能将原有的经验有效代入，那么这个课堂对于孩子来说就是完全陌生的，孩子很难产生兴趣听下去。

就好比现在要对普通人来讲一节天文知识方面的课，相信大多数人是一点儿也听不进去的，因为完全不懂；但同样这节课，对于那些天文爱好者来说，也许就会听得津津有味，那是因为这节课唤醒了他们已有的认知和前期概念，在原有经验的基础上，他们才可能掌握新的概念和信息。

如果了解了这个原理，我们就会明白为什么说预习是学习过程中非常重要的一个环节，如果从这个角度来说，适度了解一下下学期的学习内容我觉得是完全有必要的。

举例来说，下个学期，二年级小朋友就要进入三年级了，我们的数学学习将会迎来对于孩子来说既熟悉又陌生的概念——千克和克。

说熟悉是因为这个概念好像天天都出现在我们的生活中，说陌生是因为确实孩子在生活中很难用到，而且我们日常生活中去买东西，大多时候还不喜欢说千克和克，总喜欢说几斤几两，别说刚上三年级的孩子，就连很多成人可能都不一定能够弄清楚"千克""公斤""斤""两"之间的关系。

如果在学习这些概念前，孩子完全没有关注过，没有感知过，没有了解过，那么，老师上课的内容对于他来说很可能就是天书，走神、发呆不说，感到烦躁、做小动作也是必然。

即使老师在上课的时候使用再多的直观教具，给予学生再多的操作时间，变换再多的招式，一节课时间毕竟有限，老师不太可能让全班每一个人都来操作、感知、理解、表述一遍。

再比如说语文课本中有一些古诗，比如苏轼《赠刘景文》中这一句："荷尽已无擎雨盖"，说的是那曾经的碧叶连天、红花映日的荷塘，现在已经翠减红衰，枯败的茎叶再也不能举起绿伞，遮风挡雨了。试想：如果一个孩子从来都没有见过那映日荷花和那接天的莲叶，他怎么来理解这"荷尽"的枯萎净尽呢？

所以，一节课下来，预习越充分，体验也就越深刻，前概念越丰富的孩子学习新知的难度就会越小，理解新概念的能力就越强，客观上会让学生感觉到自己很厉害，一学就会，从而产生自信心。时间一长，孩子的前概念积累得越多，孩子学习的能力就会越强。

进入三年级时，学习新知时所需要的基础性的、事实性的知识积累也会越多，所有我们在一二年级所学习的内容都是未来学习的重要支撑。所以我觉得，利用假期对一二年级所学内容进行查漏补缺应该是一项非常重要的工作，奠基性的知识来不得半点含糊。（如果家长不是很清楚自己孩子的薄弱点在哪里，建议和孩子的老师私下沟通了解。）

比如说我们三年级要学习的"两、三位数乘、除一位数"这两个篇幅占据本册书一半以上的重要知识点，它所需的基础性知识就是娃的乘法口诀表和加减法计算，当然包括最让孩子头疼的进位加和退位减。如果这个基本点的速度和正确率都没有过关，可想而知你娃在这两个单元的学习会遭遇怎样的困难和阻碍。

除了对基础知识查漏补缺之外，我建议要多带孩子外出体验，比如说感受一下艳阳高照和乌云密布的不同，比如说观察一下花朵在艳阳下与暴雨中的异同，又比如说经常带孩子去超市、菜场购物，让孩子帮忙拎拎东西，体验感受一下几克重量与几千克重量物品的差异……

要知道，经历和阅历对于一个孩子的成长来说，是最为宝贵的财富。所以拜托各位家长不要总是把孩子关在"金丝笼"中，虽然好吃好喝，生活好似非常舒适，但他们却少了最重要的成长体验，这才是对孩子最大的限制和伤害。

可能也有人说，如果我在家都预习好了，还要到学校去学什么呢？对于这个问题，我是这样理解的——一般情况下，日常中的观察引导是很零散的、生活的、个性的，而在学校的学习相对是比较系统、完整和全面的，二者是截然不同却又紧密相连的。

从这个角度来说，我并不赞成在假期把下学期课本内容完整学习一遍，因为你的提前学习补不上缺乏的生活实践经验，补不上缺乏的用来支撑课本知识点所需的那些已有认知。你的提前学习如果只是机械记忆，刷题过关，那么过了一段时间后，你的认知一定又会回到学习之前的前概念，因为你的这次学习并没有引起原有的理解，所以有些孩子即使提前学过依然效果不佳。

说来说去，其实就是一句话，孩子能否顺利地完成新知的学习，和他的已有认知是否被深度代入有着很密切的关联，被代入意味着孩子可以开始进行思考、大脑神经开始运作，开始产生新的链接，开始形成新的认知，学习真正发生了……

要想有这样良好的循环发生，就需要在学习前做好充分的准备，首先，要了解未来学习的内容是什么；其次，要对此做好相关的预习功课，要有广泛的相对深入的事实性知识基础；再次，加强刻意练习训练，便于基础性知识的顺畅提取。

综上，我以为，为未来学习做好充分的预习准备工作十分必要，单纯地将课本知识提前学习大可不必。假期中与其囫囵吞枣地抢跑，倒不如将已经学过的知识进行有效复习，让其成为未来学习的扎实前概念。

最后，每个孩子的认知基础不同，学习习惯不同，家庭教育模式不同，所拥有的前期概念也大不相同，因此，不太可能有一个标准答案适合所有孩子，所以，还是要根据自己孩子的现状，采取适合的学习模式才好。

10　后来的某一天，你会明白，孩子在家的日子，才是最幸福的时光

我曾经教过一个很让人操心的孩子，成天打架惹事，欺负同学，不守纪律，无视规则，明明是他整天闹事，可整日里都像别人欠了他三百万一样强词夺理，弄到最后自己在学校没朋友，没人缘，我经常也被他气得火冒三丈，恨不得能把他给拍醒。

有一次，他又把人给打了，我在跟他谈话的时候，他东一榔头西一棒子就在那儿"充楞装傻"，什么都不承认，完全不和你在一个频道上，我又被他弄得心烦意乱的，不得不"威胁"道："我要找你家长到学校来谈谈……" 就在这时，孩子突然冒出的一句话让我心中一震，他用极其少有的表情告诉我："他们离婚了，你找不到他们了……" 那一刻，孩子眼神中充满了落寞，虽然我早已经知道孩子的父母经常不能陪在孩子身旁，但那一刻，这眼神依然让我动容，我强烈地感受到这个孤单弱小的灵魂是如此无助，当别人家的孩子还躺在妈妈怀里

撒娇的时候，他早已经找不到自己的妈妈了…… 我的心一下子变得柔软起来，喉头也像被什么堵住一般，我小心翼翼地问道："你，是不愿意他们离婚的，对吗？" 他低声说道："我希望他们复婚……"然后孩子快速把脸扭了过去，似乎不愿意让我看到他眼角滑出的一滴泪珠。

联想到孩子平日里说起爸爸妈妈时那副羡慕向往却又无可奈何的表情，眼泪也从我的心里流淌出来。 马卡连柯说："如果家长真正爱自己的孩子并想尽可能地教育好他们，就应该尽量不使彼此之间的不和睦发展到分裂，从而不把孩子置于最困难的境地。"我无意对离婚说三道四，相信这对夫妻一定有自己迫不得已的离婚理由，我相信他们一定都还深爱着自己的孩子。可是，我心疼眼前这个无助的娃，在追求自由自我的过程中，他们草率地放弃了做父母的责任，行为上甚至可能已经丢弃了孩子，虽然孩子看上去貌似衣食无忧，但已然因为他们的离婚而失去了一个正常的童年。我看过一个小视频，里面的文字令人感动—— 后来的某一天，你会明白，孩子在家的日子，才是最幸福的时光。

不要再抱怨陪孩子写作业有多累，过不了几年，你看着孩子房间熄灭的台灯，漆黑一片，你就会特别怀念那个偶尔写字、偶尔摸摸脑袋、偶尔东张西望的小小身影。 而此时的他，或许已经在离你千里之外的城市生活了，他不再惹你生气，但也很少有空和你联系，到那个时候，只要有机会，无论他说什么你都觉得听不够。 那个时候，你就会怀念他上学的日子，怀念那段独一无二陪伴他写作业的日子，你也终将明白，孩子给我们带来的最大的欢乐，不是成绩，而是陪伴，不是你上辈子造了什么孽，才会辅导他学习，而是你们修了几辈子的缘，才会有今生的相遇…… 幸福是什么？ 幸福就是早晨挥手说再见的人，晚上又如约而至地回来了，书包放在房间的一个角落，衣服扔在沙发的同一个位置。所以，趁他翅膀还没硬，趁他还没有长大，趁你还没有老去，趁你还有机会爱他，好好地珍惜这段陪他一起长大的日子吧！有句话，孩子们小时候常挂在嘴边，"妈妈，你过来一下"，也许这就是我们下半辈子最想听到的声音，请好好爱他们吧……

教育与写作的双重变奏
—— 后记

郭文红

在本书的最后一部分,我还想给读者说点儿心里话。

手捧拙著我感慨万千,如果时间倒流到 1986 年 9 月,作为刚刚中师毕业踏上讲台的小姑娘,当时我怎么也不会想到,再过三十多年,我也会出版自己的著作!

是的,的确没有想过。虽然随着教育实践的丰富和教学时间的积累,我对自己上好课、带好班、引领孩子成长还是很有信心的,但是,对写作我以前确实没有把握,至于出书更是想都不敢想—— 出版著作?那是专家们的事,我一个小学数学教师,怎么可能?

记得 2017 年 7 月,在新教育实验的栖霞年会上,我就家校合作专题做了一个 12 分钟的演讲。结束后,朱永新老师对我大加赞赏,说:"你把你的教育故事写下来,出版著作时我为你写序!"当时,感动中的我还是觉得,"出版著作"对我来说太遥远,不敢想。

李镇西老师曾提倡年轻教师成长的"四个不停"—— 不停地实践,不停地思考,不停地阅读,不停地写作。对我来说,前面三个"不停"是可以做到的,而且自认为还做得不错,但写作不行,太难了。

那年参加新网师的课程学习,老师要求每个学员都要开一个公众号,将自己的思考记录下来发表出去。又正好遇上疫情,每天的线上课程让我与学生之间的交流受到限制,多种原因促使之下,我的微信公众号"朴素小屋"在 2020 年 3 月 24 日正式开张了。从那天起,我开始了公众号写作。

写什么呢？作为一线教师，我理论水平有限，但我每天都有着丰富的教育教学实践，我就写我的课堂、我的班级、我的学生吧！就这样，许多鲜活的故事便进入了我的"朴素小屋"，故事中有孩子的天真和淘气，有课堂的紧张和愉悦，有班级的精彩与快乐，而所有的故事都自然而然地蕴含着我的感动与思考。

在这些小文章中，我谈数学学习，谈班级管理，谈学生教育，谈特殊儿童的转化，谈家校合作……也许是我这些来自一线的故事很"接地气"，"朴素小屋"居然颇受欢迎——可能是我这些故事中包含的教育常识，多少给许多教育同行和孩子父母一些启发，或者说引起了大家的共鸣吧，每天的留言中的点赞让我深受鼓励！

于是，不知从什么时候开始，读者的认可成了我坚持写作的动力之一。除了少数时候的确太忙太忙，一般情况下我坚持每日一更。如果哪天没写，我就会怅然若失，觉得对不住每天关注"朴素小屋"的朋友们！

当然，能够坚持三年写到现在，最根本的动力是鲜活的教育生活本身让我随时在感动，随时在思考，这种感动与思考让我情不自禁坐在电脑前敲击键盘。没有了教育生活，我自然就失去了写作的源泉。同时，写作本身带给我的成功感反过来激励我继续写下去，而要写下去，就必须随时保持一种教育的敏锐，去观察，去体味，去感受，去捕捉……

这就是一种教育与写作的良性互动，是实践与表达的双重变奏。

直到有一天出版社主动跟我联系，说要把"朴素小屋"的文章整理成书，我才意识到，这就叫"写书"啊！真的是"无心插柳柳成荫"。出版著作，对我来说，真的是一种意外的收获，是教育实践对我的额外奖赏！

原来，我居然还是能写的！但是，如果我一直不写，我又怎么知道自己"还是能写的"呢？

所以，我特别要感谢朱永新老师当年对我的鼓励（虽然他现在因身份所限无法再为我写序），感谢李镇西老师对青年教师的引领，感谢新网师的"逼迫"，感谢《江苏教育研究》主编金连平先生连续两年为我设立专栏的厚爱，否则，我是想都不敢想能够出"著作"的。

　　我还要真诚感谢海燕出版社的编辑老师！这本书凝聚着责任编辑的心血，是他们帮助我梳理稿件、构建框架、整合成书的。

　　我同样要感谢本书的每一位读者，特别是每天关注"朴素小屋"的朋友们，本书中的每一篇文章，你们都是"第一读者"，正是在你们热切的目光的注视下，这些文章从"朴素小屋"移植到了书页上。

　　我更要感谢的，是我每天面对的孩子们，以及孩子们的爸爸妈妈，没有和他们的心心相印，没有和他们的息息相通，没有和他们的朝夕相处，没有和他们的喜怒哀乐……这本书是不可能诞生的。

　　从某种意义上说，这本书是我和我的学生以及他们的父母共同的创作。

　　明天，我依然还会站在讲台上，我的教育依然还会继续朴素而精彩地呈现，我的源于生命的教育写作自然也还会源源不断……

2023 年 5 月 24 日